楷書自學輔導叢帖之二

唐歐陽詢書皇甫君碑

楊蒼舒編著

荊南王軼猛

文史哲出版社印行

唐歐陽詢書皇甫君碑 目次

臨習本帖，要注意的幾點

一、本帖主要特點是把讀帖和臨習緊緊結合在一起。這是考慮到臨習者常常忽視讀帖，而要臨習好一本字帖，讀帖的功夫非下不可。所以把兩者結合起來，使臨習者想不讀也不行。什麼叫讀帖？一是對點畫形態的認眞辨析，從五個方面去辨析：起筆的形態、收筆的形態、點畫的長短、粗細和走向，一是對結體的辨析：每一點畫和部位所處的位置，各自縱向和橫向所佔有的地位，貫氣和呼應關係。辨析清楚後再寫，與不讀帖就寫，效果優劣，立即可見。

二、編者提出臨習點畫的口訣：五要領，兩邊線；兩邊線，加力、減力善知變。臨習結體的口訣：縱橫佔位力求準，呼應、筆勢要公明。既是讀帖的要求，也是臨習的要求。認眞按口訣去讀、去寫，都能收到事半功倍的明顯效果。這是由不同文化程度、不同年齡層次，或經面授，或經函授，實踐結果，充分證明了的。

三、「五要領」，指每一點畫的起筆、收筆、長短、粗細和走向。「兩邊線」指點畫的兩條邊線，任何點畫，除了基本軌迹（即中心線的走向，如橫從左到右，豎從上到下，其餘可按此類推）之外，都有兩條邊線，邊線的走向和基本軌迹並不完全一致，如：、，基本軌迹是㇏、㇏，一看便知和兩邊線的走向不完全一致。起筆和收筆，看它的形態，其形態不外乎方、尖、圓、斜及其中兩種的結合。形態不同，用筆的方法也不同。點畫的長短、粗細和走向（即筆勢）不看準、寫準，都會影響結體。所以讀帖時要讀準，臨習時，纔能寫準。「加力和減力」，指某一邊線在走向發生變化時運用的行筆方法，爲「」，按軌迹，從左上向右下，但其上邊線成圓形，下邊線則平挺。所以行筆時，下邊線不加力或減力，上邊線要先加力，到最上突處轉爲減力。懂得加力和減力，點畫邊線不論如何變化，都能寫得出來。如兩邊線同時變粗或變細，則仍用「按、提」這兩個術語。

四、漢字從組合情況看，分三種：一、點畫和點畫的組合，如：二、十等；二、點畫和部位的組合，如子、中等；三、部位和部位的組合，如詔、嶽等。不管點畫或是部位，處在一定的位置時，縱向和橫向都佔有一定的地位，讀帖時讀準了，臨習時，便容易寫得準。部位也好，點畫也好，組合在一起時，都應成爲有機的整體，所以讀帖時必須讀清、讀準彼此之間互相照顧和呼應的關係。點畫之間的貫氣（就是上一筆的收筆凌空連向下一筆的起筆，這叫貫氣）不能使之中斷；點畫的含力所在，也必須認準，並且寫得出來。

關於三、四兩項，後面都有具體的指導。

五、學寫毛筆字，除了眼到、手到、心到之外，還要做到「三定」：定時、定量、定帖。定時，要選定每天臨習最有保證的時間，天天到選定的時間就認眞臨習。定量，每日要寫一定量的字，不能忽多忽少、時多、時少。定帖，選定一本字帖，便一定要堅持寫下去，直到不看字帖也能寫得很像，寫出精神來。千萬不能見異思遷。

六、點畫或結體，有時臨來臨去，仍然臨不像，可以用下列方法。一是「映寫」，即把書寫用紙覆蓋在字帖上，像「描紅」一樣，一筆一筆完全完全按碑帖上的範字寫。要一筆寫像，不能補筆。一是「鈎寫」，即把書寫用紙覆蓋在字帖上，如寫點畫，應用「雙鈎」，用鉛筆按點畫邊線鈎出輪廓，再用毛筆去塡，也要一筆寫成不能補筆。這兩法，在行筆時要着重領會用筆的方法，幾次下來，再臨寫便容易寫像。「鈎寫」中另一方法便是「單鈎」，即沿軌迹鈎出單線，再按單線行筆。單鈎可用於結體寫不準、寫不好時用。古人說過：雙鈎易得形態，單鈎易得位置。

這三種方法，都屬於「摹」。臨和摹，是學毛筆字者的必用方法。有成就的書法家，還更重視「摹」，初學者更不應忽視。

寫字和執筆姿勢

一、寫字的姿勢：

有坐寫和立寫兩種，特殊的不說。

1.坐寫的姿勢：口訣是「頭正、腰挺、臂開、足安」。

(1)頭正：頭不東斜西側，要端端正正向前略俯。

(2)腰挺：腰挺則上身不彎、不傴；但應使前胸和桌邊保持一只拳頭的距離，絕不能讓胸部碰到桌邊。

(3)臂開：兩臂自然向兩側撐開，與小臂成〈〉形。左手手指撐開與手心同時按向書寫用紙，右手執筆。

(4)足安：兩腳腳底分開踏實，兩膝寬與肩齊。腳不能前伸後縮，疊成二郎腿。要使身體穩定、安舒。

坐着寫，要使軀幹和大腿、大腿和小腿、小腳和腳掌各成直角。櫈椅過高過低都不合適。

2.立寫的姿勢：口訣是「頭正、身躬、臂曲、足實」。

(1)頭正：頭不許向左右斜側，要端端正正前俯，目光應顧及全局。

(2)身躬：上身前彎如鞠躬狀。彎度要根據落筆處離身體遠近而定。應以書寫方便，不易疲勞爲度。

(3)臂曲：左手稍曲，用掌鎮紙，也用以支撐軀體。右手執筆書寫，也應稍曲，方能使力。

(4)足實：站着寫字，不免走動，所以不用安字而用實字，要求站得穩實。兩足分合、前後不論。

二、執筆法和執筆姿勢：

1.執筆法：執筆法從東晉開始已見諸文字，歷代都在研究，因爲「學者欲問學書法，執筆功能十居八」（清朝梁巘《執筆歌》）。現在公認「五字執筆法」優點最多。這五字是：擫、押、鉤、格、抵。可稱「五指齊力法」。

(1)擫（擪）：用大拇指指肚（螺箕面），緊貼筆管內側，力自內向外。拇指上斜而稍仰。

(2)押（也作壓）：用食指第一節斜鉤筆管外側；指尖與拇指指端相對，約束住筆管。

(3)鉤：中指在食指下面，也用第一指節，鉤住筆管外側，幫助食指向內用力。

(4)格（或稱揭）：用無名指肉甲相連處緊貼筆管右內側，用力擋住中指鉤而向內的筆管，不使筆管內斜。

(5)抵（或作輔）：小指緊靠在無名指下，以增強無名指之力，以擋位筆管內斜。

2.執筆姿勢：光知執筆法還不夠，還必須懂得執筆姿勢。其口訣爲：指實、掌虛、掌豎、腕平。

(1)指實：要求每隻手指都能實實在在發揮作用，要使實勁。實到何種程度？以筆運行時不稍鬆動，書寫時指掌不因執筆過緊而至僵直，能耐久爲度。過緊過鬆盡錯。

(2)掌虛：五指執筆後，筆管下半部離開掌根約五到六公分之間。此時掌心可容一隻鷄、鴨蛋。

(3)掌豎：掌向上斜豎，而非筆直豎立。掌如直豎，掌腕都易僵強，書寫難以耐久，運筆不利；且視線被遮，僅左眼能見，故知應該斜豎。

(4)腕平：指的是腕部和小臂成水平狀，不是指腕的左右側和桌面成平行狀；若成平行狀，則掌心必然完全向外，無法執筆書寫。

後兩點極易誤解，故予解釋，請以實踐試之。

坐着寫字，還有懸肘問題，應該説説。懸腕，指腕部懸着，小臂依托桌面；懸肘則連小臂都應離開依托之物。不依托便是懸。應該懸得多高？低到小臂下面平放的紙張或一本書，能夠移動而不碰觸腕、臂、肘；高到右肩絲毫不上聳。依此檢查，隨便懸得多高都可以。懸肘時，必須使腕、肘成水平，否則便錯。筆管長、執得高，可懸得高些；一般長度的筆管，執得不高過半腰，可懸得低些。

筆在運行時，筆管要始終垂直於紙面，懸肘，可使筆運行幅度大，運行自如，且能靈活。

歐陽詢和《皇甫君碑》簡介

歐陽詢（五五七～六四一）字信本，潭州臨湘（今湖南長沙）人。少年時，父母雙亡，陳代的尙書令江總（五一九～五九四）收養了他，教他讀書寫字。歐陽詢聰明，穎悟過人。通讀古今典籍，博貫經史，在書法上也奠定了堅實的基礎。進入隋代，已經年近四十，擔任了太常博士這一官職。這期間，他和唐太祖李淵常有往來。太祖登位後，多次提升到給事中，太宗貞觀初，擔任過太子率（音Lǜ）更令、銀青光祿大夫、弘文館學士，封爵爲渤海男。在古稀時，尙在弘文館教授書法。

歐陽詢的書法，起初學的是王羲之、王獻之父子（世稱二王）的字，但比獻之更險勁。後來轉向六朝碑刻，汲取了諸家之長，加以融會貫通，終於自成一種風格，獨具面目，書名遠播海外。當時高麗（在現在朝鮮半島）的統治者，曾派使者來求取他的書法作品。唐人張懷瓘在《書斷》中評他：「八體盡能，筆力險勁。……眞（正楷）、行之書，雖於大令（王獻之）亦別成一體。森森焉若武庫矛戟。風神麗於智永，潤色寡於虞世南。……」「森森焉」一句指出歐字的風格，有如繁茂的草木，點畫極像武器庫中的長槍大戟、鋒鋩畢露。歐字的風格、氣韻比智永禪師的美；但溫潤的色彩，却比虞世南的少。這評論可以說是十分中肯的。

歐陽詢旣用功，領悟能力又強，又善於做個有心人，不斷汲取前人所長，所以成就很高。有一故事可以說明。有一次到郊野去，看到索靖（二三九～三〇三，晉代著名書法家）寫的一塊碑，仔細欣賞了好多時間。離開了又回到碑前，這樣來回了好多次。後來實在看出點滋味來了，索性攤開舖蓋，坐臥在碑前三〇三夜。疲倦了就躺會兒，醒來繼續研究、探索，直到眞正有了心得才離開。

歐陽詢的楷書，用筆精到，筆力險勁，清秀有力；結構爽快利落，法度森嚴，在險峻中保持平正。人稱歐體，又稱「率更體」。和虞世南、褚遂良、薛稷並列爲初唐四大書法家。他留下的楷書有《皇甫君碑》、《化度寺邕禪師塔銘》、《九成宮醴泉銘》和《溫彥博碑》；隸書有《房彥謙碑》；行書有《千字文》、《卜商帖》、《夢奠帖》及《張翰詩帖》等。

本帖選自《皇甫君碑》。此碑全稱爲《隋柱國左光祿大夫宏議明公皇甫府君之碑》，又稱《皇甫誕碑》。碑石現藏陝西西安碑林。因未具書寫年月，有人認爲是歐陽詢早年所寫。《墨林快事》中說：此碑立在隋時，「爲信本少年時書，宜其文采之流麗而神情之鬯（通暢）適，與其暮年老筆奉勅矜持者不同」。此話明顯的錯誤有兩點。其一，碑文後面寫明「銀青光祿大夫」這一官階。歐氏在隋代只是個太常博士，從七品的下層官吏，入唐時曾任正五品上的給事中，任率更令也不過是從四品上，而其散階銀青光祿大夫是從三品，可見不是書於隋而書於唐太宗時；何況碑文前的撰文人于志寧，又是個唐代的大夫和開國公！其二，「文采的流麗」，是指的碑文，錯在把碑文的寫作也歸之於歐氏。至於用引號的一句，還是有點道理的。此碑既無「奉勅」字樣，可能是私人爲故人立碑，寫得自然並不拘束，而覺「神情鬯適」了。可以據前推見寫於歐陽詢七十歲前後，字却寫得比晚年所寫的其他幾塊碑要神情鬯適。

此碑在明萬曆二十四年（一五九六）因地震而中斷爲二。本帖所用的印本，是天津古籍書店一九八八年「現據宋拓本於影印出版」的本子，字口（即刻字點畫的兩邊線）絕大部份相當清晰，很少剝落損泐，極宜作臨習的範本。

歐書一向被認爲是臨習的範本。現在特地選作自學輔導叢帖中的一種，自信也將會同樣受到歡迎。

《皇甫君碑》的結構和點畫特點

歷代書法家的字，無論點畫還是結構布白，沒有不汲取前人法書的長處，而且在長期書寫實踐中，探索到運筆和組合、搭配的種種方法，融匯貫通而成獨特的風格和富有個性的體貌的。進入唐代，這些「書」之「法」，已經大備。學寫毛筆字，先從唐楷入手，主要便是能夠臨習到運筆的及結構的種種法。初學者尤應認眞讀帖，即仔細辨識臨本的結構特點和點畫特點，并且在動筆時，力求寫準寫像；還必須在書寫時認眞體會怎樣用筆纔能寫好點畫，怎樣搭配、組合纔能寫好結構。只有這樣，纔能一步步把臨本的精髓，眞正的學到手。

《皇甫君碑》的結構和點畫特點，扼要介紹於後。

一、結構特點：

結體緊密。以縱勢（長方）爲主，横勢（扁方）少見，常見方勢。兩長豎相對時，成相背之狀。中心大多偏向左方，右向筆畫伸長以取得平衡。部位常多攲側，而整體却覺平正穩定。給人以嚴謹之感。

歐字很注意「實筆虛白」的恰當分布，緊密處不覺壅塞，疏朗處不覺鬆散；點畫集中，仍應疏朗，點畫分散，仍感緊湊。大小、長短、攲側不一，却能做到字字重心平穩。臨習時，必須充分領會其搭配、組合的特殊法度。

二、點畫特點：

《皇甫君碑》的起筆以方筆爲主，參用圓筆、尖筆和斜筆；斜筆也以方斜爲主；收筆則常用尖、斜兩種，斜常帶圓。藏鋒（筆鋒着紙後，先稍稍向反方向逆行，或筆鋒不行，只向反方向稍按，然後回鋒；到末端，筆鋒不離紙而向反方向稍行，收筆。以上方法寫出的都是藏鋒的）、露鋒（筆鋒着紙後即順勢行筆；到末端順勢收筆。以上方法寫出的都是露鋒的）兼用。點畫氣勢開張，行筆沉着却很爽利，都較瘦勁，有如刻削而成。點畫之間，講究呼應和貫氣。相同的點畫組合在一起時，尤其講究變化。再分别介紹八種基本點畫的主要特點，使初學者更易掌握。

1. 横：長横大多成覆蓋形，方起或方斜起筆居多，到末端，多數稍稍加粗，斜或斜圓收筆。短横用左尖横多於右尖橫。幾橫成上下組合時，上仰、下覆，偶有較平挺的橫出現。絕大多數橫，都向右上斜，不能寫成水平。

2.豎：多作斜方起筆，斜圓起筆的也不少。長豎中段都略瘦於首端，十分挺拔，以懸針居多，垂露少些。

3.撇：分平撇、斜撇、豎撇三種。

(1)平撇（千、重等字的首撇）：以斜方起筆爲主，大多粗短，略帶下彎弧形。

(2)斜撇：短撇都很爽利，略呈弧形的居多。如在豎中線起筆的，上半段微斜，極近豎法，並漸變細。常到五分之二處左彎，下半段彎度很大，並漸加粗又漸變細（這形態叫「蘭葉撇」）。

(3)豎撇：都較瘦長，整筆成腰部右彎，常作蘭葉撇。

4.捺：分斜捺、平捺、反捺三種。

(1)斜捺：起筆尖細漸寫漸粗，到捺出處最粗，捺腳較長，有如刀削，下邊線都向右偏上斜而很平挺。大部份在起端處彎度不明顯；有時也成「一波三折」狀。

(2)平捺：都作一波三折狀。方、圓、尖起筆都有；方起的常較粗，上彎時變細，圓彎後與斜捺同。

(3)反捺：都較長，尖起爲主。漸寫漸粗，近末端成斜坡形，回鋒收筆，棱角分明。

5.點：種類較多，以尖起爲主，棱角分明。如在頭部中間，起筆如豎，漸細稍左斜，回鋒收筆。

6.挑：大都較短促，起筆方圓都有，漸細，尖收。

7.橫折豎右肩大多不聳，但折下時右突成角居多，下行時，內邊線平挺，外邊線左凹，有時用頓法。豎折橫的折，都用圓轉法，折處最細。

8.鈎：鈎絕大部份呈三角形，也都較粗，鈎出時，長短沒有一定，有的較長，有的鈎出即止。鈎的種類最多，可參閱豎、折等筆，再加上鈎。戈鈎（㇂）彎度很自然，兩端都粗於中腰。橫鈎（㇖）的橫都很瘦挺，鈎處常聳成角，鈎都較粗。豎折橫鈎（㇟）的鈎外斜，上邊線漸行漸成弧形上斜，下邊線到鈎底也折向右上，尖收。反鈎則分成豎挑的結合。

兩句口訣的運用及注意事項

一、關於寫好點畫的口訣：

1.加力減力的過渡一定要均匀、自然，不能驟起驟落。驟起驟落，偶然用在筆畫突然變細變粗時。

2.加減力的力度要靠自己掌握，無法說得十分具體。只有經過多次認眞的實踐，方可掌握得較爲恰當。隨着熟練程度的提高，自然會越寫越符合要求的。

3.書寫時墨要稍濃些，以落紙毫不滲化和粘滯爲度，否則，粗細便不可能符合要求。

4.加減力都是在原筆畫粗細的基礎上變化的。原筆畫粗的，加力時，筆要按得重些，減力時，筆要提得高些；原筆畫細的，加力時，筆要按得輕些，減力時，筆要提得少些。都應視具體情況而定。

5.兩條邊線相比，較挺的一邊不加減力。在具體指導中不嫌煩瑣，逐一提到。熟習了就可以不提。走向在變化的一邊，指導得也很具體，這對初學者是必要的。

6.加減力的一邊應該說一側。所以用「某一邊線」，主要是爲了把讀帖和臨寫結合起來，以減省名詞術語。如果用「某一側」的說法，也沒有甚麼不可以。

二、關於寫好間架結構的口訣：

1.所說「呼應」包含的內容很豐富。如點畫和點畫的貫氣，如佔、容、讓，如「實筆虛空」（實筆即寫出的點畫，虛空即點畫以外的留空）的疏密布置，部位位置的挪動，形態的改變，點畫粗細、長短和走向的變化等等，絕大多數是從整個字或從通行、通篇考慮的。而臨習的人，則宜先從整個字去領會這些道理。總之每一筆畫的應粗應細、應長應短，走向如何，都得服從整體的需要。這叫「彼此照顧、互相呼應」。法帖上的字，其點畫，可以說無不合乎「彼此照顧、互相呼應」的要求，臨習時，必須多想想，悟得道理，臨習的收穫就會大大超過只寫不想的人。

2.法書（這裏指的是歷代有很高成就的書法家留下的手迹或碑、帖，合稱法書）的點畫，絕不會作機械的排列。

古人說：「點不變，謂之布棋；橫（豎）不變，謂之布算（算，竹製的籌碼）。點畫形態（起筆、收筆形態不同，組細、長短、走向也不完全一樣）有了變化，就不再是機械的排列。同部位的排列，也同樣不能是機械的排列。點畫和部位形態的變化，應根據前後左右的字及其點畫、部位形態而定，不能爲變而變。所以臨習時，不能以不變應萬變，必須隨之而變。一時寫不像是正常的。因爲不同的點畫形態，筆法常常不一樣，不懂得筆法，自然會寫不像，要在力求寫像的要求下學到種種筆法。點畫、部位有變化也不會爲難了。

3.筆勢：包括兩個內容：一是點畫形態，一是內在力度。形態是外在的，而力度是內涵的。寫點畫，要求在寫準點畫形態的同時，表現出內在的力度來。短的不馬虎，長的不飄浮（如撇，從起筆到撇尖，都要筆到墨到力到；如筆行到中段，腕臂不前行，筆管向撇的反方向斜去，以指運筆，便是飄浮）；細的能入紙，粗的不浮腫，都屬力度。不管筆畫粗細、長短、正側、俯仰、向背，都因取勢的需要，不能改變它，而應寫準它。

4.要把內在力度表現出來，還必須在使筆聽指揮的基礎進一步做到「心手如一」，到這一步，便可逐步做到運筆有快有慢而至能疾能澀（這一點有專文附在後面，請仔細閱讀）。

5.臨寫時，有些並不要求馬上做到，但讀帖時，却應該有比臨寫高些的要求，因爲從「心中了了」化成爲「筆下了了」是有過程的。所以口訣中提出「呼應筆勢應分明」，道理就在于此。

第一章　點　畫

漢字有八個基本點畫：橫、豎、撇、捺、點、挑、折、鈎。基本形態挑只一種，鈎有九種，由基本點畫變化出來的約六十種。

要把點畫寫準、寫像，首先要按「五要領」讀準它。起筆收筆要把形態辨認清楚，再要準確地辨清點畫的長短、粗細，特別是兩邊線的走向。不讀帖，不宜動筆；如要動筆臨習，只能「事倍功半」；或竟至因臨來臨去臨不像、寫不準而喪失信心。能認眞讀帖，筆能較快地聽指揮，點畫就能越寫越像，越寫越準，進而領會了「筆法」，奠定了基礎。

以兩字爲例，詳談怎樣「讀」點畫。再詳談八種基本點畫怎樣用筆纔能寫像寫準。

怎樣讀點畫，舉兩字爲例：

先把相同的點畫放在一起辨認，要容易辨認得準確，這屬於比較法。

「墟」字共有五橫、四豎、三點、一挑、一鈎。兩點在右下是組合點，右斜點尖起尖收，下邊線稍突。撇點方起尖收。左邊短橫圓起斜收，上邊線平挺，下邊線微微下突。右部位第一橫方斜起筆，圓斜收筆，上邊線平挺，下邊線中部微微下突。第二橫最瘦方斜起筆、圓收，上邊線平挺，下邊線微微上彎。第三橫圓斜起筆、方斜收筆，兩邊線都較平挺。末了是長橫、方斜起筆，上邊先平挺，到三分之二處略上斜，成斜坡形方斜尖收，下邊線成覆蓋形。五橫長短，粗細不一，四豎的左豎方斜起筆，筆略右移下行首端成彎形，下行後右邊線減力尖收。右上豎尖收左邊先右凹再左突，下左豎尖起，兩邊線都較挺，下右豎方斜起筆，右邊線減力下行。挑方起尖收，下邊線減力成挑。橫鈎尖起微成仰狀，到鈎處向右下下按向左下鈎出，右邊線減力。

「譽」字，有五橫兩豎、三折、五點、一撇、一捺。兩豎都方斜起筆。左豎右挺左右凹尖斜收筆。右豎左挺右左凹圓收。五點中有橫點一，豎點二，右斜點二。上橫點尖起圓收，上邊線上突。內豎點尖起圓收，左突。下豎點，方起，豎行，右邊線稍減力。上右二個右斜點都是尖起圓收，上點上突，下點下突。中上一折圓斜起筆，左邊線微微右凹，右邊線成弧形減力，右折時成圓角，下折時上邊線減力，下行時兩邊同時減力到三分之二處時又稍加力。上右折尖起，下邊線稍加力，下折時外邊線圓轉而下，極微弱減力下行。下折橫到折處時向右下下按折下，右邊線較明顯減力。一撇圓起微帶下彎形撇出，尖收，撇尖不超過橫的起端。捺在橫中起筆下邊線立即減力又轉爲微弱加到捺出處，再稍下按立即減力。捺長而又挺勁。幾橫可和「墟」的五橫比較。

基本點畫怎樣同筆的具體講解（形態多的點畫，多舉字例。就基本筆畫來說仍爲八種）。開始時，講得具體，似乎嚕囌，到熟練時只要稍稍提示即可。初學者按所講的去寫，可以收到

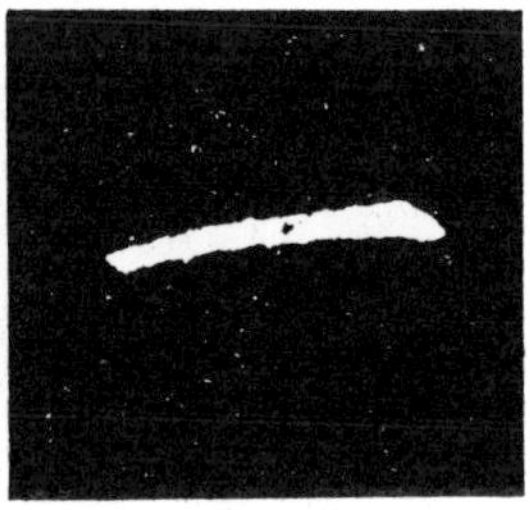

（橫）

橫有長短、俯仰等變化。這一橫是俯形──覆蓋形的橫。此橫起筆較輕，漸漸變得粗重。方斜起筆。筆鋒着紙後，向右下稍按，筆鋒不移動，就順勢右行。右行時，要沿覆蓋形軌迹。下邊線不加力和減力，上邊線邊行邊極微弱地加力，直到近末端上突處。筆行到上突處，稍向上加力，立即迅速減力，兩邊線於末端聚合，回鋒收筆。

這長橫是歐字用於中部或下部時的基本形態。

（豎）

豎有兩種，一是懸針，一是垂露。這是懸針豎。

筆鋒着紙後先向右偏下行，到右上角，回鋒到頂端中間稍下一些處，再下按下行時。下行時，筆略上提，左邊線不加力和減力；右邊線到近末端處減力，尖收。

尖收的筆畫，常要回鋒，回鋒有兩種，一種筆到末端不離紙，回鋒到畫內，屬於實回；一種筆到末端，筆鋒剛離紙也向畫內回鋒，屬於空回。但進入另一點畫內時，可不必回鋒。這豎就是如此。

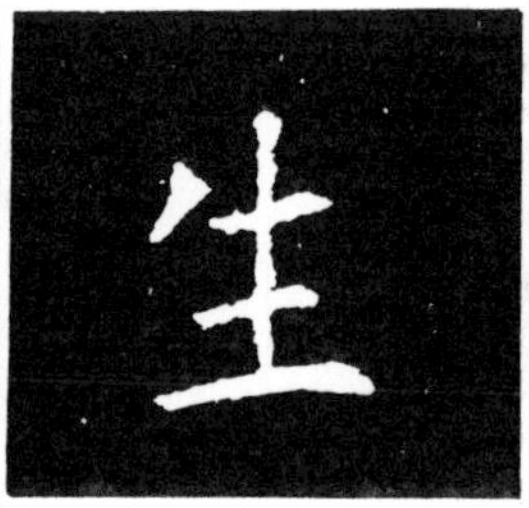

（撇）

撇有三種：平撇、斜撇、豎撇。這是短斜撇。

方起筆，筆鋒着紙後向右下行筆，到右角，回鋒到頂端中間稍下處，再下按，向左下行筆，左邊線減力稍行變成明顯減力；右邊線不減力、加力。到尖端，兩邊線聚合，回鋒，收筆。

凡寫撇，出撇時要痛快，不能猶疑遲緩，否則便無力，筆桿要始終垂直紙面，筆頭不能偏斜，這就能沈着，一偏斜，末端便「飄」在紙面力不到。寫長撇也同樣如此。

（捺）

捺有三種：斜捺、平捺和反捺。反捺近似右向點的延長；斜捺、平捺都成「一波三折」狀，頸部成圓弧，筆觸要細，過頸部要均勻變粗。起筆如不在別的筆畫內，應粗些。這一捺是斜捺，起筆在撇內。筆鋒在撇內着紙，順勢沿圓弧軌迹向右上轉右轉下行筆。向右下行筆時，上邊線不加力、減力；下邊線邊行邊均勻加力，直到捺出處。到捺出處時，下邊線應稍稍向下用點力，立即迅速減力右行。兩邊線在尖端聚合，回鋒收筆，可空回。

比較理想的效果。

「五要領，兩邊線；兩邊線，加力、減力善知變」的口訣，不提筆法，其實所有筆法，都在加力、減力中體現。所以，按所說的去寫時，必須時時去想：怎樣開

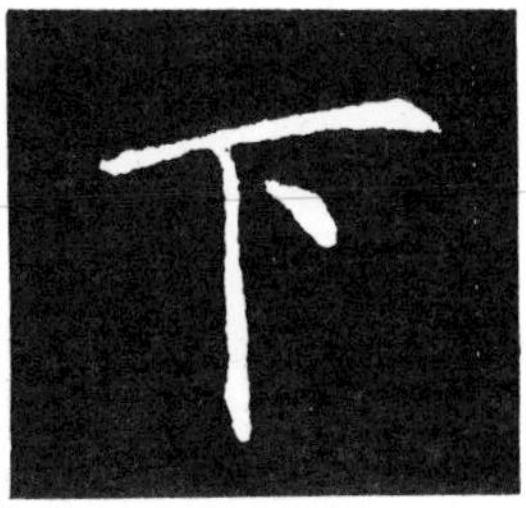	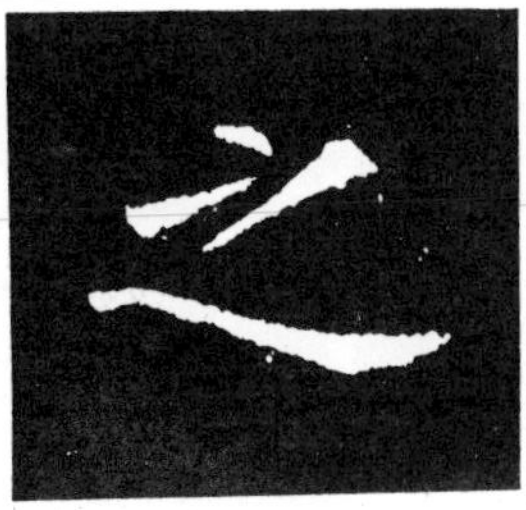		
（點）	（挑）	（折之一）	（折之二）
點的形態較多，但以右向點爲最常用的點。這點是右向點。 筆鋒着紙後，稍稍行，立即回鋒。這兩個動作都要很輕，只用筆鋒的鋩部，免得起筆變粗。凡是尖起而要回鋒的，都應如此。回鋒後，順勢向右下下按。下按時，下邊線不加力或減力，上邊要明顯加力，到最突出處，要轉爲明顯減力，寫到接近末端時，必須有個上邊線向尾端圓轉向上的動作。這樣尾端才能成圓形。所有尾端圓形的筆畫都不能忽略這一動作。這也作回鋒收筆。	挑的種類就只一種，只有粗細、長短、走向不同的區別。 「之」字在歐字中，都作四筆，第二筆的折，分成挑和撇兩筆。 筆鋒着紙後，向右下下按，筆鋒不動，然後向右偏上行筆。行筆時，上邊線不加力、減力；下邊線邊行邊均勻減力。到尖端，兩邊線聚合、收筆，凌空行向下一筆的起筆。 寫挑，也要痛快，不能猶疑，筆桿不能偏斜，要做到筆到、墨到、力也到。	折的形態僅次於鈎，有很多是和鈎相同的。有鈎的，屬於鈎類；沒有鈎的，屬於折類。「史」字的一折，是橫折豎。短豎常向左斜。凡這類折，歐字都是橫筆較細，豎筆較粗壯，折處常用頓法。這一折尖起。筆鋒着紙後，順勢向右稍偏上行筆。上邊線不加力、減力；下邊線邊行、邊微弱加力。到折處，筆鋒聚合，運向上角，向右下下按，回鋒，調整好筆鋒，再下按，然後向下偏左快速行筆，兩邊線都不加減力，回鋒收筆。	「四」字內部右邊是折。這折是豎折橫。外框一折同「史」字一折。　這一折，逆鋒起筆，回鋒後順勢下行，下行時左邊線不加、減力，右邊線減力。到折處時，用圓轉法轉向右行，上邊線微微加力，近末端減力，兩邊線聚合，回鋒收筆。 外框一折，折而下行時，右邊線要微弱減力，直到末端又明顯減力，回鋒收筆，這一折如底下有橫，應注意橫包住豎的末端，還是豎包住橫的末端。

筆纔能寫像某一形態的點畫。以後寫這一形態的點畫時，便會自覺去開這一用筆方法上實際。已經學會並且掌握了一種筆法。其餘可以以此類推。到各種形態的點畫都能一寫就像時，這

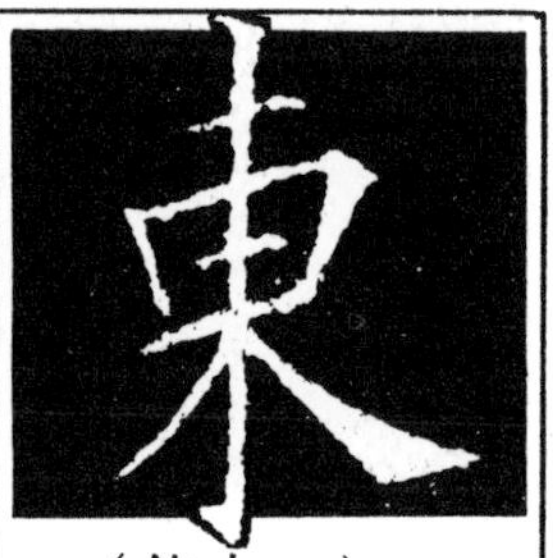

（鈎之一）

（鈎之二）

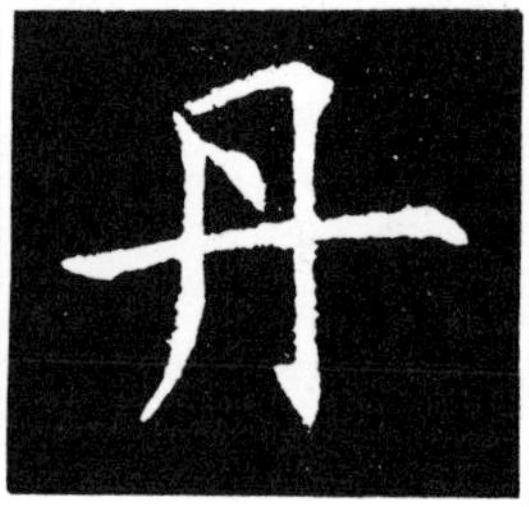

（鈎之三）

（鈎之四）

鈎的形態最多。歐字中，反鈎「　」都分作豎和挑兩筆，已不屬於鈎。這裏編進了八種。「東」字的鈎是豎鈎。筆鋒着紙後向右偏行，到右角，回鋒到頂端中間下邊，再下按，順勢下行，下行時，左邊線不加力、減力，右邊線極微弱地減力到三分之一處，不再減力，直到末端。出鈎前，須向下稍稍加力，立即鈎出，鈎出時，下邊極迅速地均勻減力，上邊線不加減力。到尖端，兩邊線聚合，回鋒收筆。鈎的上邊線平而挺，下邊斜而挺。上邊線不能斜。

「子」字的鈎，叫豎彎鈎。

筆鋒着紙後，順勢沿軌迹下行，左邊線不加力和減力；右邊線邊行邊加力，到三分之一處，不再加力，直到出鈎處。到出鈎處，須稍稍向下加力，立即鈎出。鈎出時，上邊線不加力、減力；下邊線要迅速而均勻地減力。到鈎尖，兩邊線聚合，回鋒收筆。這鈎較長而粗，應加注意。另一必須充分注意的地方：鈎底的角和起筆，正好在一條垂直線上，所以出鈎時，不能太過或不及。

「丹」字的鈎，是橫折豎鈎。

筆鋒着紙後，稍向左逆行，回鋒後順勢沿微帶覆蓋軌迹行筆。上邊線邊行邊極微弱地加力。到折處，順勢向右下用力下按（和「東」字的折法不同），向左下回鋒，調整好筆鋒再下按向下行筆。向下行筆時，右邊線先迅速均勻減力稍行，便不再減力直到鈎部，又稍減力，到底端向下稍加力，立即鈎出。鈎出時，下邊線極迅速而均勻地減力。上邊線要平，下邊線很斜。這鈎粗而短。

「方」字的一鈎，是橫折斜鈎。但橫已縮成短短的尖端。

筆鋒着紙後，像寫右斜點一樣向右下按。下按時，上邊先加力，立即均勻減力，到右突處回鋒，向左下行筆，行筆時，左邊線不加減力，右邊線迅速均勻減力，轉為不再減力，過三分之二處又轉為極微弱地加力到鈎部，又轉為迅速減力，然後鈎出。此鈎上邊線稍向左上斜，下邊線向上略向左偏。兩邊線都不很挺，微微帶彎，也不長。

字帖所有的筆法，便全部學會並且掌握了。

臨習毛筆字，也應做個有心人。

（鉤之五）

「心」字的鉤叫「心鉤」，也叫「橫彎鉤」。筆鋒着紙後，稍稍逆行，立即回鋒沿軌迹行筆。邊行上邊線邊加力，直到末端。到末端時，下邊線向右稍稍加力，立即鉤出。鉤出時，左邊線不加力、減力，右邊線迅速均勻減力，到尖端，兩邊線聚合，收筆。

這一鉤左邊線挺而直，右邊線斜而挺。應注意的是鉤的最低處在鉤的五分之二處，而不在鉤下。就是說筆行到五分之二處要向右偏上彎轉。

（鉤之六）

「見」字的鉤，叫豎折橫鉤。但折處用圓轉法。

筆鋒着紙後，向右下按，按得要輕些，順勢向下行筆。行筆時，右邊線均勻減力，直到向右彎後，轉爲邊行邊極微弱地加力，到鉤出時纔明顯地均勻加力直到鉤尖。左邊線行到三分之二處減力，彎出後，不再減力，直到向上偏右折時。到鉤出處，立即迅速減力向上偏右行筆。到尖端，兩邊線聚合，收筆。

這鉤的豎筆長度僅橫筆的二分之一，而鉤的長度的是橫筆的三分之一。

（鉤之七）

「夷」字的鉤叫「戈」鉤，彎度像用圓規畫出來的。寫時一定要掌握好。筆鋒着紙後，加力向右下稍行，便沿軌迹向右下下行。下行時，左邊線不加力、減力，直到末端；右邊線邊行邊極微弱地減力，到二分之一處，不再減力，直到出鉤處。到出鉤處，稍稍回鋒，然後向上鉤出，兩邊線同時迅速而均勻地減力，到尖端，兩邊線聚合，收筆。鉤較短小。

「戈」鉤的行筆也要痛快，快速，不能猶疑，遲緩，否則就軟弱無力。

（鉤之八）

「風」框的鉤，叫橫折斜彎鉤，彎度也像用圓規畫出的圓邊，是腰部左彎，和左邊一撇組合成爲外框，近似束腰形。這是必須充分注意到的。

筆鋒着紙後稍逆行，回鋒向右偏上行筆。到折處向上行，回鋒沿軌迹下行。回鋒時要用點力。下行時，右邊線先迅速減力稍行，即改爲極微弱減力，到中段最瘦處，轉爲極微弱加力，直到鉤出處。出鉤時，左邊線要向右下稍加力立即向右上鉤出。鉤出時，兩邊線同時減力，到尖端，兩邊線聚合，收筆離紙。

點畫的組合變化

相同的點畫在不同的字中應有變化；在同一字中，其形態尤多變化。後者稱爲「點畫組合變化」，臨習者應特別注意。

八種基本點畫中，由於點有多種固定組合，所以點的組合變化最多；鈎和挑的組合變化最少。

下面就歐字《皇甫君碑》中出現的一些組合變化作具體的介紹。每一字可能有幾種點畫組合，只說一種，可互相參證。

橫的組合變化。

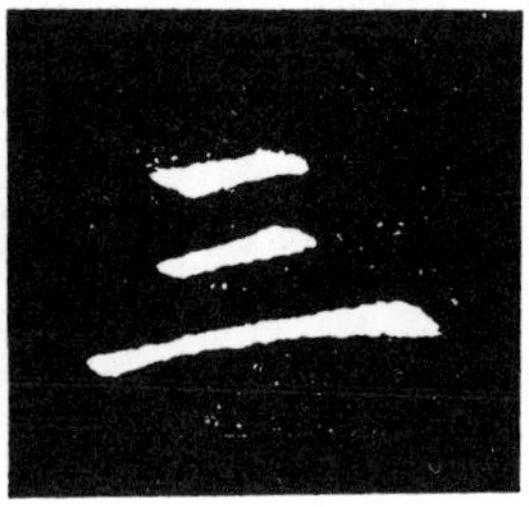

「三」字由三橫組合而成。

三筆的起筆，第一橫和二、三兩橫相差較大，一看就知。細辨二、三兩橫的起筆有一定的差別，第二、三橫都是斜圓起筆，第二橫稍覺下垂，第三橫有點上昂。中段，三橫的差異很明顯，再看收筆，第一橫和第二、三橫的差別很明顯，第二橫收筆是聳肩成斜方狀，下邊線微微上斜；第三橫末端不聳肩，成斜圓收筆，下邊線平，至於粗細、長短，一看便知各不相同；俯仰也各具姿態。

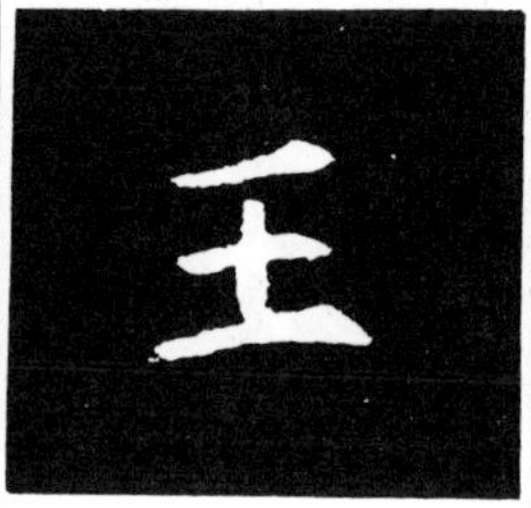

「王」字同樣有三橫在同一字中出現，但這三橫和「三」字的三橫又完全不同。第一橫尖圓起筆，先細後粗，聳肩，方斜收筆，下邊線上斜；第二橫斜圓起筆，成覆蓋形，過半上邊線下彎，下邊線到末端上彎，尖收；第三橫也是先細後粗，但成覆蓋形與第一橫成仰形不同，右角上聳，方斜筆。三橫都較短，二、三橫都較粗。末一橫同「三」字的末橫相比，只有二分之一長。「王」字整個字顯得很小。在《皇甫君碑》中和大的字比，僅及四分之一。所以橫和豎都寫得較短。

「非」字左右各有三橫，又各不相同。和「三」「王」的六橫沒有一筆相同。左三橫第一橫寫成右尖橫成仰狀；第二橫先粗後細，圓收，成覆蓋形；第三橫寫成「挑」狀，都很短。右三橫，雖然都在豎內起筆，但沒有一橫是尖起的。一、三橫都成覆蓋形；第二橫有仰狀。第一橫稍粗長，第三橫較長較細；第二橫最細最短。第一橫斜圓收筆；第二橫右肩聳成角，方斜收筆；末橫右肩略呈角形，斜圓收筆。這三個字，共十二個橫，無一相同。說明了法書的點畫，幾乎無一不變，尤其在組合時。

豎的組合變化。

「而」字下部，左一豎，中二豎，但形態無一不變，向背之狀非常明顯。左豎下端右斜，成左向狀，斜圓起筆，圓收，微帶右彎弧形。中二豎都不作豎狀。左豎爲豎點成梭子形，兩端尖，中腰向左右突出成角，成爲豎狀棱形，且較短促，下端也是右斜。右豎成撇狀，方斜起筆，尖收，也較短促。下端左斜與左豎成相對狀。中兩豎，下端同高，左框一豎，下端略低於中間兩豎，和右鈎同高，這樣，使中間兩豎都不透出無形的底邊框。這是「歐字」的特點。

「世」字有三豎。左邊的豎和底橫本成一折，歐字常分成兩筆寫。

這三豎，左、中豎都是尖收，但起筆和粗細不同。左豎圓起，中段稍粗；中豎方斜起筆，漸細故在三豎中，顯得較粗。右豎最長，是斜圓起筆，首端有左彎的尖端又有右突的圓角，也是漸細，而整筆瘦於中間的一豎；下端也不尖。是三豎中最長的豎。

此字三豎，中豎和右豎成相向狀，和左豎成相對狀，都不如「州」字明顯。

「州」字有三豎。左豎雖不寫成撇，却也微微帶彎。

左豎首端左彎，中豎首端右彎，右豎首端向左右突出。左豎最細而腰部右彎，末端圓收；中豎稍粗，而中段成束腰形，末端斜圓收筆；右豎是三豎中較粗的一豎圓起、斜收。

這三豎，中豎和右豎成相背狀，和右豎成相向狀。

橫的組合，要有俯仰狀，而豎的組合要有向背狀。《皇甫君碑》的字，也有體現。

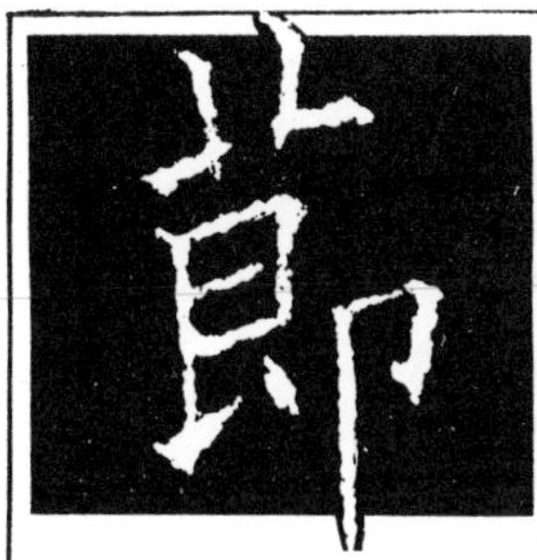

「節」字，歐字都寫成草字頭。草頭左邊是豎。所以這字有三豎。

下部位「即」字的「反捺」，歐字同樣分成豎挑兩筆。這一豎和上豎都是斜方起筆稍帶尖彎，但兩豎走向不同，長短不同，已是明顯的差異。上豎尖收，左豎不尖收；上豎先粗後細，此豎上粗下細沒有上豎明顯。右部位「卩」是懸針豎，斜圓起筆，也是漸寫漸細，到末端尖收，因起筆，收筆不同，所以形態並不全同。與上豎差異更大。

撇的組合變化。

「彼」字有三撇。左部位兩撇是固定組合撇，右部位的一撇是豎撇，和左二撇不是固定組合。雙人旁的上下撇是固定組合，寫成的形態必有變化。上撇成俯狀，下撇成仰狀，上撇粗短，下撇稍細長。都是方起，角度不同。差異相當明顯。右部位「皮」字左撇，是豎撇。最瘦而較長，尖起尖收。與「皮」下「又」字的橫折撇的「撇」比較，可以清楚看出變化來。「又」字撇筆，本是豎斜折之間的撇筆，現在就寫成短斜撇，就使之和左邊的豎撇迥然不同了。

「務」字右部位有一撇，右部位有三撇，共有四撇。左撇和右部位的中撇形態有點相近，但左撇稍粗也稍挺，而且起筆也不同。仔細觀察，左撇的起筆是方形的，不帶彎頭，而右中撇圓起，略帶右彎。左撇爽利，右中撇較柔和。

右部位上撇粗而短促，方起尖收，下撇帶彎頭方起，較長。這四撇的定向，各不相同。

「須」字左部位三撇，右部位上下各一撇，且都是短斜撇，可比性最強，這三撇是固定組合。左部位三撇屬固定組合。前兩撇都是方起尖收，組細稍有不同，走向明顯不同。末一撇方中帶圓起筆，彎頭和中撇稍異，走向也不同。右部位上撇方起帶彎頭，但最細短，走向和前三撇都不同。末一撇也是方起尖收，走向和左邊的中撇相同，但起筆上下都帶小彎頭，兩邊線都向中心線收斂，用其他四撇的下邊線外拓不一樣。由于撇的形態富有變化，所以這字就不板滯。

「彨」（音同而）的右部位三撇是固定組合。

右部位三撇，加左部位中間一撇，此字共四撇，但右部位末撇作反捺處理，所以可比的撇只有三筆。末撇改變形態，也是變化中的一種方法，且常常是重要的一個方法，有如斜捺的改作右向點或反捺一樣。左撇和右上兩撇，從起筆形態，兩邊線走向，都可以看出變化，可以不必作具體的分析。已經能夠看到同樣的點畫不管是不是固定的組合，形態都應該力求變化的道理。

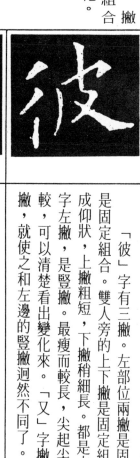

捺的組合變化及變化的道理。

「禁」的上部位的「林」字，本來各有一斜捺，這裏變成了一點和一反捺。

按照結體法則中的「避讓」大法，應該上讓下，左讓右，內讓外，也就是說，要先出現的讓後出現的。「林」字是左右各一「木」字，應做到左木讓右木，所以左木的斜捺必須縮短成爲點。這是人人遵守的避讓之法。左部位已讓出了地位，右部位的斜捺應該伸展，在「禁」字中却改成了較斜捺短的反捺。這主要是在作出點畫形態變化時，應考慮通行或整個字的協調。這一反捺就因此代替了斜捺。

「賛」字上部是左右結構，左右都是「夫」字，左部位要讓右部位，所以左部位的斜捺，變化成了點，而右部位變成了反捺，道理和「禁」字兩捺的變化一樣。「禁」字右木如寫成斜捺，還是比較協調的，而「賛」的右「夫」字如寫成斜捺，則極不協調，因爲「禁」下的「示」字較矮，而「賛」下的「貝」字却很高，所以上部位的兩撇都縮得很短，如果寫成斜捺，在「夫」字本身已不相稱，且使右邊大大加重，所以只能變化成反捺，而且寫得不太斜，既使左右上下能相協調，左右也不致偏重。

「食」字上下各有一捺，如上部「人」字寫成斜捺，則下部的捺不能寫成斜捺，只能寫成反捺或右向點；只有上部的寫成反捺，下部的，才可寫成斜捺。這是因爲書法中有一不成文的規定：「燕不雙飛」，就是說兩筆斜捺不能在同一字中出現（其實兩長橫也不能在同一字的同一邊出現）。「食」字，歐字先在上部作了避讓處理，論理下部可寫成斜捺，但也寫成反捺。因可將捺的末端寫得高些、重些，使之能使整個字得到平衡，如寫作斜捺，則難以做到，因此捺的起筆處太低。

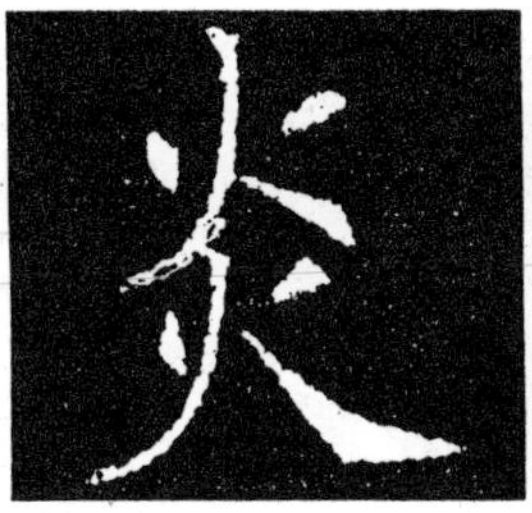

「炎」上部位的「火」字，斜捺改成了反捺，主要是「上讓下」的準則在起作用。如不避，也必將使捺「雙飛」，「炎」字和「食」字不同，「食」字上面一捺，可以寫成斜捺，讓下面的改成反捺，「炎」字上部的捺不能寫成斜捺，讓下部改成反捺，否則上大下小，上下兩部位就不相稱。而楷書結構，就是要求「上下相稱，左右平衡」，上下不相稱是一大忌。

折的組合變化及應注意的地方。

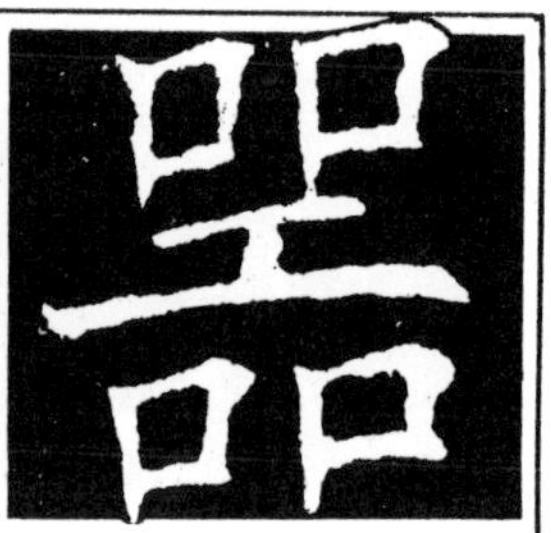

「器」字有四「口」，共有四折。這四「口」有寬窄、高低之別，折的橫豎筆除長短不同，粗細也有不同。左邊上下兩折的折處，上部和右邊都成外突的角，但上口的外突角較小，上邊的角不很明顯；下口的兩角都很明顯。下行後，上折的豎筆尖收，下折的豎筆反而末端粗於中段。右邊上下的兩折，折處上邊無角，這是和左邊兩折不同的地方；右邊成角，但都是圓角，又是和左邊明顯的差異。右邊上下折本身也有明顯的差異，在於上折圓中帶尖，下折便只是圓形。所以四折各不相同。

「細」字左部位有兩個撇折，這屬固定的組合。兩撇明顯不同，一看便知。上折折向右下，常成點狀，下折折向右稍偏上，常帶挑形。因爲這兩折是固定的組合，所以也成了較穩定的變化模式。

寫這種折常各斷成兩筆，而且兩折的「點」筆和「挑」筆的起端都應稍稍超出上下兩撇筆的撇尖，而不能和撇尖齊平更不能在撇尖右面，挑筆的起端應比點筆的起端略偏右。

「彈」字有兩組折，都是固定的組合。左部位是兩個「橫折撇」，右上是兩個「撇挑」折。

「橫折撇」上下兩個粗細走向及折處都有不很明顯的變化。寫這兩折，應注意上撇的斷筆處，一定要在下折的左邊，下面的折要比上撇偏右。

「撇挑」折，也是粗細，走向略有變化。這並列的兩折，不要寫得上下齊平，要有些高低，可以避免板滯的毛病。臨習歐字，最忌寫得板滯而缺乏生氣。

「輟」字右部位有四折「橫折撇」，是固定組合。

這四折的長短、粗細和走向，各略有變化，也成高低、寬窄的錯落排列。上兩折靠得近，下兩折距離大些，避免了板滯的毛病，同一點畫的部位組合在一起，便應以粗細、長短和走向的不同作變化，以高低、寬窄、疏密作爲避免板滯毛病的手段。歐字在這方面都很注意。臨習時，一定要充分注意到。這樣臨習，才不致越學越呆，越寫越僵。

的組合變化及應注意的地方。

「將」字左右各有一豎鈎，長短本來不同，不是變化而成。左部位本是「爿」字，因改變形態，所以把豎寫成鈎，一豎的腰部左彎，出鈎處右邊線微微左斜，鈎較銳且較長，右鈎微微右彎，出鈎處，右邊線明顯左斜，鈎的上邊線稍向左下斜。一看即可知各具形態。

點畫形態隨便如何變化，都逃不出「五要領」的範疇。但變化又必須服從整體的要求，又要講究內在的聯繫，千萬不能爲變而變，臨習時，對於這些要特別注意。

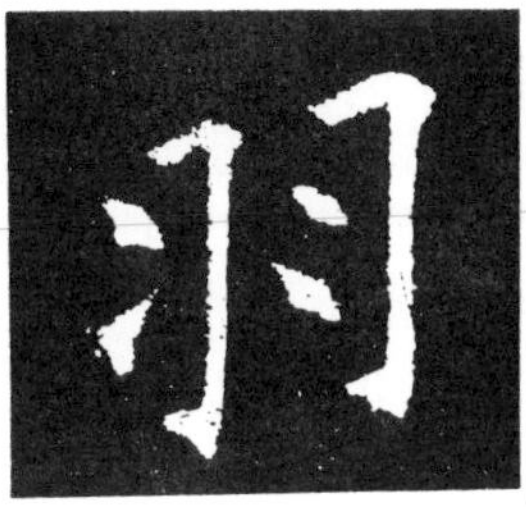

「羽」字左右各一「橫折豎鈎」。這兩鈎的形態差異一看就知，不作分析，應充分注意的是其組合排列。這左右部位的組合，屬固定的組合，除了兩鈎及其內部各兩點都有變化之外，組合排列成左低右高成偏斜之勢，主要是因左右部位完全相同，必須避免板滯的毛病。但爲什麼不排列成左高右低之勢呢？因爲橫都成右高左低之狀，這兩部位的橫筆也同樣如此；另外，如排列成右低左高，就顯得沒有精神，尤其是左右部位相同的字，所以也應充分注意和理解。

「猛」字左右各有一個「豎彎鈎」，長短本來不同，不是因變而成。左部位的豎彎鈎，上彎下挺，已經改變了彎鈎的形態。右部位上部的豎彎鈎，只有彎而無鈎，這變化是帶有根本性的改變。在歐字中，常有這樣的變化，如把豎撇變成豎鈎，把下點變成豎（參見十七頁末行的「兮、疾」兩字）都是很值得注意的。由於這樣變，所以每筆各部位的搭配比例也發生了變化，從而形成了歐字的特點之一。

「飛」字上下有兩個「橫折右彎鈎」，這是固定的組合。由於所處的位置不同，所以上鈎短小，下鈎高大；上鈎縱橫向佔位小，下鈎縱橫佔位大。除此，仍然有變化：起筆、收筆形態，折的形態，都有較明顯的差異。

這兩鈎都是敧側的，也是屬於險的。險中求得平穩，是歐字的特點之一，此字諸家都這樣寫，還不算歐陽詢獨家如此，但左撇能與下鈎對應，豎筆直而下，使這字十分平穩，這是臨習時應予注意的。

點的組合變化。

點有固定的組合，而且各有專稱，如何變化，可參照前幾類點畫試作分析、辨識。點成固定組合後，不管寫成撇或挑、或豎，仍然屬於點。

並列兩點，有「曾頭點」之稱的，都是寫在字頭的。有相對的，有相從的，也有相背的。第一字是相對的，第二字是相從的，第三、四兩字是相背的。

並列的兩點，有「其尾點」之稱的，都是寫在字底的。只有相向、相背兩種。第一字是相對的，下三個字，是相背的。

並列的兩點，寫在中段的，都叫「橫兩點」，中間有筆畫隔開的，大都是相向或相背的；中間不隔開的，偶見有相從的。

上下兩點組合的，叫「豎兩點」，如不寫成別種形態，財有仰有俯。如「於，母」都是俯點，如「疾」，左兩點是固定組，上俯下仰。

三點縱向固定組合，叫「豎三點」，水旁又稱「三點水」，三點水的第三點都是挑形的，也用挑的寫法，但也叫點，屬於點，不屬於挑。

三點橫向固定組合，叫「橫三點」。絞絲下的中點有時恢復原狀作豎或鉤：這鉤或豎沒有明確的歸屬。我們把它歸於點，因作用同點。

四點橫向的固定組合有人叫「火底點」，我們稱之爲「橫四點」。因它不僅用于字底。歐字的這四點多數明顯向右上斜，左右點不一定較粗些。

四點分布成左右各是上下兩點的固定組合，叫「攢四點」。右兩點有時寫成撇和反捺，仍然屬於點。因爲它是點的固定組合。

獨體字的臨習

獨體字也稱單部位結構。主要是點畫和點畫的組合，有些是點畫和部位的組合；只有少數是部位和部位的組合，但部位已不能獨立。

獨體字的臨習，首先是在認識並寫準、寫像點畫的基礎上，作進一步的鞏固；其次是爲了過渡到合體字的臨習。只要有了點畫的搭配和組合，便產生了結構法。漢字只一筆的，僅有「乙、一」兩字，除此便都有結構的要求。臨習結構也宜循序漸進，先簡後繁，先單純後複雜。所以編排了獨體字的臨習。

獨體字雖然比合體字簡單，但要求絕不比合體字低。偏側、攲斜的字，狹長、短小的字，孤單的字，大都在獨體字之中。千萬不能因其簡單而忽視之。

臨習獨體字也必須嚴格按口訣要求去做。如點畫或部位縱橫佔位多少，內部如何聯繫，都必須在讀帖時，做到心中有數，再動筆臨習，一點都馬虎不得。

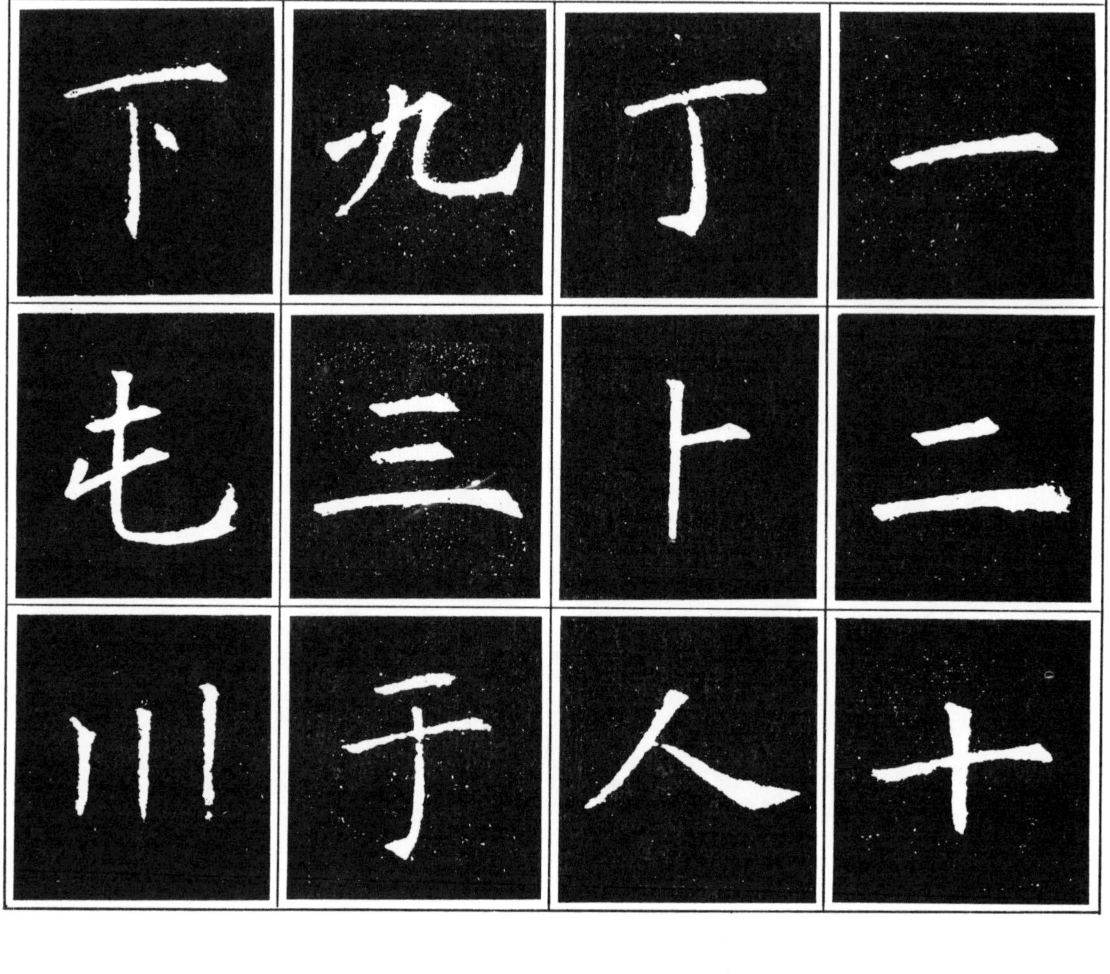

上山也千牛
己乃刃王天
夫土太五元
本戈中毛分

月丹方六火
乎水玉正去
未世可目由
甲申史四生

丘白乎主玄
安永予耳西
吏百而光曲
年朱自民米

衣民兆車臣
來里足言甫
東事尚具身
材良直表長

馬南美承烏
畢垂子子不
不曰曰文文
為為為無無

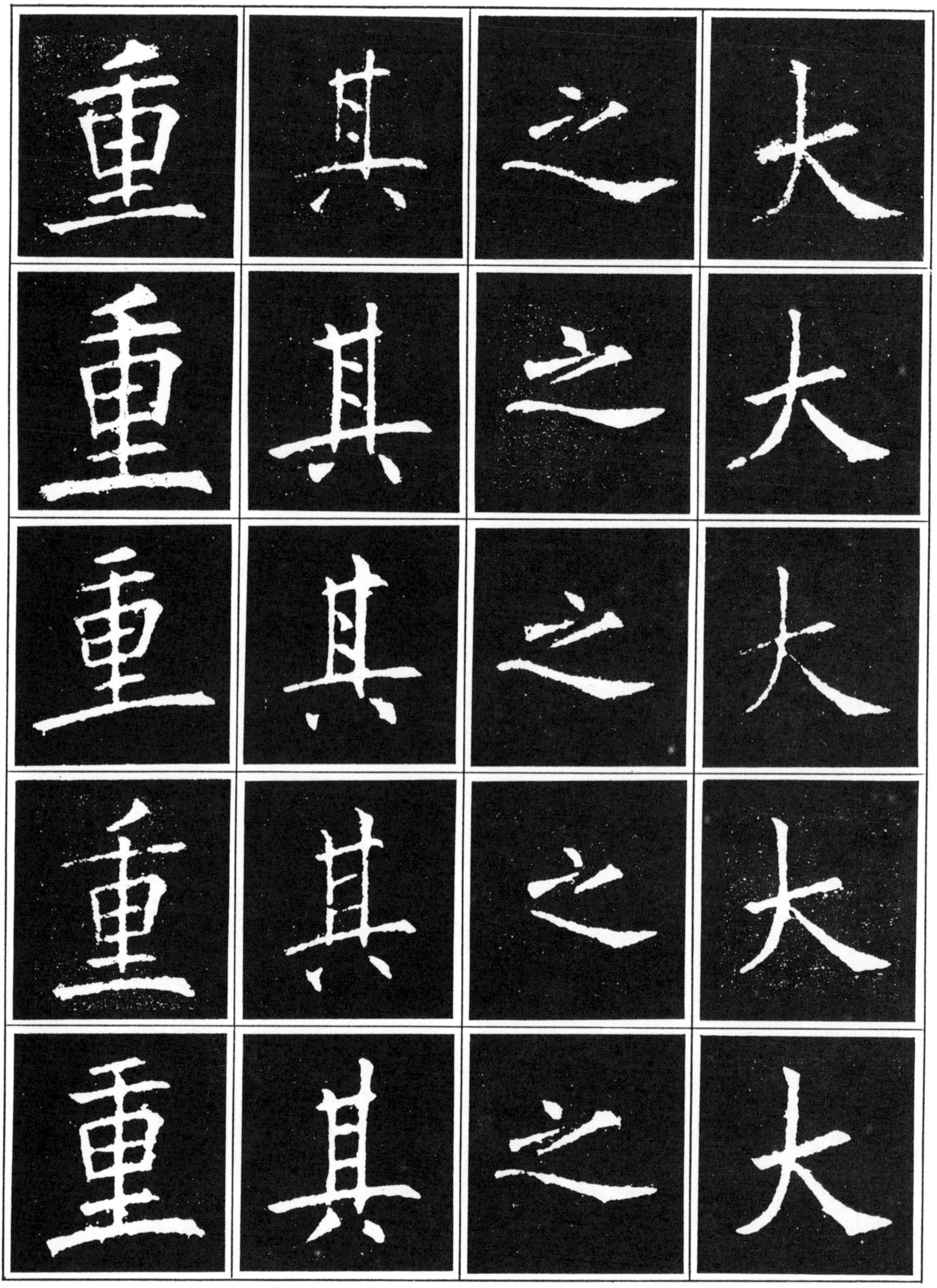
大大大大大
之之之之之
其其其其其
重重重重重

第二章　結　體

結體，又稱結字，俗稱間架結構，簡稱間架或結構。指的是點畫（部位）的搭配、組合成字，也包含着組合成字必須同時考慮的疏密關係——「實筆和虛白」的分布。如寫不準點畫，結體必受影響。可以肯定地說：點畫形態——起筆、收筆以及長短、粗細和走向，也即「筆勢」，是決定結體的高低、寬窄、穩險和是否有力諸方面的。寫不準點畫，絕不可能領會到字的精神。因此，結體的臨習，必須放到點畫臨習鞏固之後。臨習好點畫，是爲臨習結體服務的。

結體的形式有兩大類。一類是單部位的獨體字，一類是合體字。合體字又分三種：左右結構、上下結構和框廓結構。由于組合形式不同，所以各部位所處的位置常不相同，各部位縱向、橫所佔的地位也會不同；佔、容、讓的關係隨之發生變化。如以「木」和「日」的組合爲例。木如穿日而過，是「東」字，兩部位成了不能分離的獨體字。日字橫向佔位大爲增加；木字縱向佔位同樣必須增加，而撇和捺自然大大降低。如果組合成「杲」和「杳」字，這兩個部位的縱橫向佔位又會產生變化。如這兩字作爲左邊旁，如「時、相」等，其縱橫佔位和形態也要隨之變化。

按結體臨習的口訣認眞臨習，效果是顯著的。不過，縱位如何能夠準確呢？這主要靠目測。目測有兩種方法：一是以這一點畫或部位和同一字內的另一點畫和部位進行比較，以確定彼此的縱橫佔位各是多少；一是找參照物來確定。有些人如果一時不習慣，總感沒有把握，也不妨借助工具，如用毫米尺量，用自來火梗之類梗子比一比。若嫌這樣做麻煩，那麼，可以畫張「小方格」，用小方格蓋在字上，確定每一點畫和部位的縱橫佔位，不僅方便，而且十分準確。用明角片或薄的有機玻璃，透明的玻璃紙或塑料薄膜，在上面畫上小方格備用（關於小方格及使用說明，將在下一頁介紹）。小方格比起「九宮格」、「回字格」、「田字格」和「米字格」都好。但是，千萬不能養成依賴工具的習慣。只能在覺得目測實在沒有把握時纔用一用。主要還應訓練和提高目測能力。可使用這一辦法進行訓練：先進行目測、記住各部位的縱橫佔位各約多少毫米或各部位縱向佔位比例和橫向佔位比例各約多少，然後用小方格去測定，看到差距；再目測。幾次調整下來，目測能力便會逐步提高，直到可以不用小方格。

從橫佔位準確了，一般說，筆勢和呼應關係也會寫準、寫好的。如果寫得不準，應從點畫的長短、粗細和走向上逐一檢查，尤其是起筆和收筆的形態（筆勢將專有《貫氣筆勢與疾澀例說》一文，請細讀）。

寫到自己覺到有點把握了，還應該用這十四字訣，逐一對照檢查。這一功夫是必須認眞下的。一是爲了找出不足，以利進一步提高；其次是可以使每一字在記憶中尤爲清晰。因爲臨習還有高一層次的要求。對臨（攤開字帖，照着寫）得好，固然值得高興，但還不算把這本字帖臨習到手。要眞正把這本字帖臨習到手，還必須進入背臨（不攤開字帖，按記憶中的字臨着寫），而且也像對臨時一樣地「臨」得好。到這一步，應該換帖臨寫了。

一下子進入背臨是不容易的，可以采用過渡的辦法。這裏介紹幾種辦法。每次可面臨若干字，再背臨剛剛面臨過的字。隨着熟習程度，逐步增加字數。或每次先看一看字帖再背臨若干字，然後在背臨好的字下或右邊再面臨這些字，用以檢查、對照，找出毛病，再背臨。或專門找同一字背臨，臨出各種變化所在，再面臨，……。

辦法，可以根據各人的具體情況，找出合用的；也不必拘泥於一種。總之，要使自己的臨習能進入眞正背得好的一步。進入結體臨習，便得先有這一思想準備。

小方格的使用與說明

蓋在「臺」字上的便是小方格。左邊和上邊有兩組序數，可以用也可以不用，看熟練程度而定。　「臺」字是單純的上下結構，是縱向五部位的組合。從小方格中，可以看出各部位縱向所佔地位。「士」最長，佔兩格稍弱，「口」佔一格強，「冖」佔一格半，「云」「土」各佔一格。各部位橫向佔位，「士」和「云」各佔一格半，「口」佔近兩格，「冖」佔四格弱，「土」佔四格不到。「臺」字的橫向點畫和部位都明顯向右上斜，通過小方格也看得特別清楚。「容、占」的關係主要在「冖」和「云」兩部位。這樣一測，心中有底，寫起來，也不至有較大的誤差。

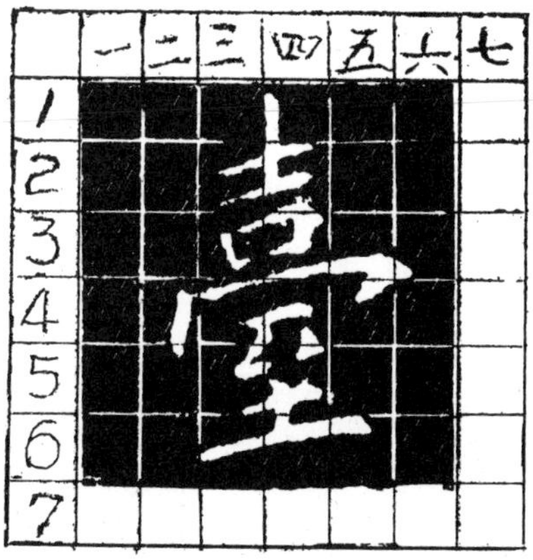

除了對每一點畫和部位求得準確這一作用以外，小方格還有可助放大準確之用。這小方格是從用於照相放大板上引用到寫字中來的。當然完全適用於字的放大。這本字帖的字，基本上屬於中楷。但臨習毛筆字，以寫大楷爲宜。要把中楷放大到大楷，不借助工具，對初學者來說，是很困難的，小方格就可解決這一困難。這小方格每一小格是五毫米自乘（即縱橫各五毫米），如要放大，可根據需要，把每小格放大到十毫米乘十毫米，或十五毫米乘十五毫米。在臨習用的襯墊紙上，畫上等分的方格，便可放大來寫了。襯墊紙要挑堅韌耐用的紙張，要稍大於書寫用的玄書紙或毛邊紙等。外框四邊線一定要畫得粗些，因玄書紙和毛邊線的透明度較差，所以所有格線都必須醒目，以免影響放大；而邊框尤須醒目，並且要和格線分得清清楚楚。一張襯墊紙，幾乎可以一直使用下去。書寫用紙，墨汁容易滲透下去，染污襯墊紙，一般都染污格內，格線極少染上墨汁。蓋在字上的小方格，可以是單一的也可以是連續的小方格。本帖編排的字，都很整齊地排列在同面積的空格內，所以不妨畫一張連續小方格，因單一小方格，臨一字移動一次，很不方便。可用一張透明挺刮的材料，按本帖橫四豎五的全頁的大小，再畫出每一字的小方格，可以臨一頁移動一頁。放準了，再用夾子夾住，就可使用了。本帖的每一空格是長方形的。畫格子時要畫成正方形，只須減去字上下的一空白便可以了。用於放大的格子，可以不必保留序數。

小方格既可用於結體的臨習，也可用於點畫的臨習。凡覺目測很無把握時，都可使用。但習字畢竟要靠目測。這裏特地再強調一次，必須訓練和提高目測的能力，除放大之外，都不能始終依賴小方格乃至其他工具。如果養成了依賴的習慣，目測的能力便永遠得不到提高，將會是得不償失的事。

結體形式和特點

一、獨體字：

單部位的字叫獨體字，其中有幾個字，也曾有過跨類的情況。如「日」可屬框廓字；有些字，由於書家的書寫習慣而從他類跨入獨體字，如本帖的「安」，本屬「宀」加「女」的組合，屬上下結構，而寫成「安」，兩部位不可分開，即成獨體字。如「美」字也是如此。「此」是左右結構，寫成「此」即成獨體字。

這部份是作爲結體形式而編入的。臨習到這一部位時，重點應放在點畫（部位）與點畫（部位）的組合上。一要先吃準點畫（部位）的縱橫佔位，二要領會點畫（部位）的組合關係。獨體字中敧側、偏斜、狹長、短小的字最集中，所以結體要求決不比合體字低。古人對獨體字的結體提出了一些心得和要求，因爲主要是從歐字的結構中提煉出來的，所以對於臨習歐字的人，尤具直接指導的意義，分別於每行的首格逐一介紹（例字不完全按照原例），并略補解釋。

「斜者雖斜，而其中要取方正」。沒方正部位的字，要求左右平衡，保持重點的平穩即屬方正。

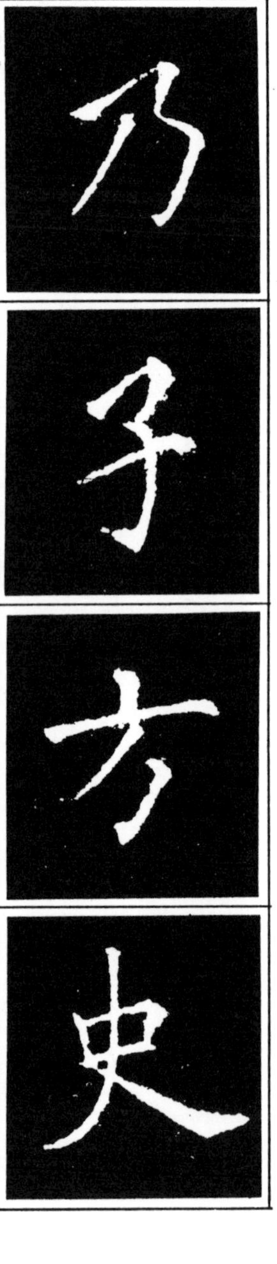

「偏者還須偏稱」。點畫全部或大都是敧側的，要使所有敧側的點畫能夠相稱便不覺敧側了。

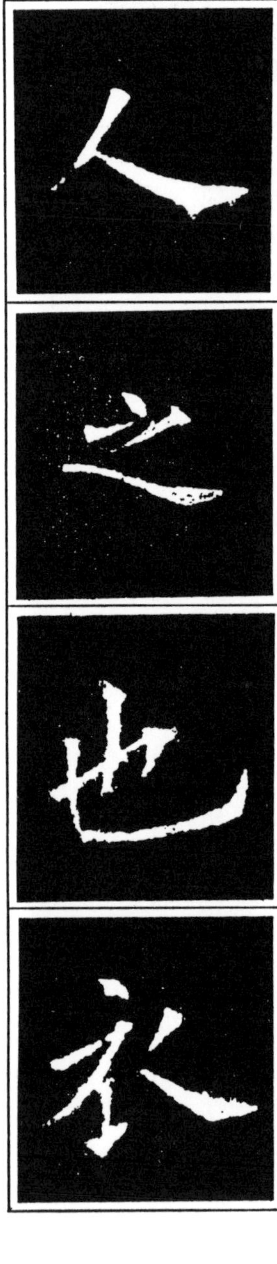

「長者原不喜短」。形體長的字，不能寫短了。寫短了，就不像樣。（可參見第三行的「千平、申、東」）

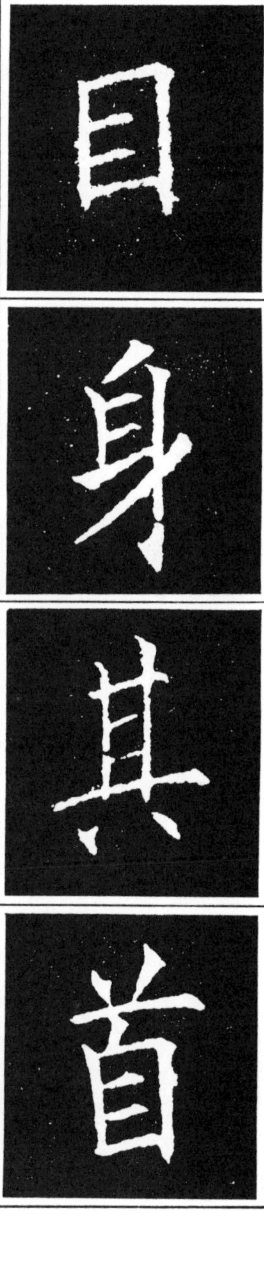

「短者切勿求長」。形體短的字，不能有意寫得長點。寫長了就不美觀。（可參見人、之、三、五等字）

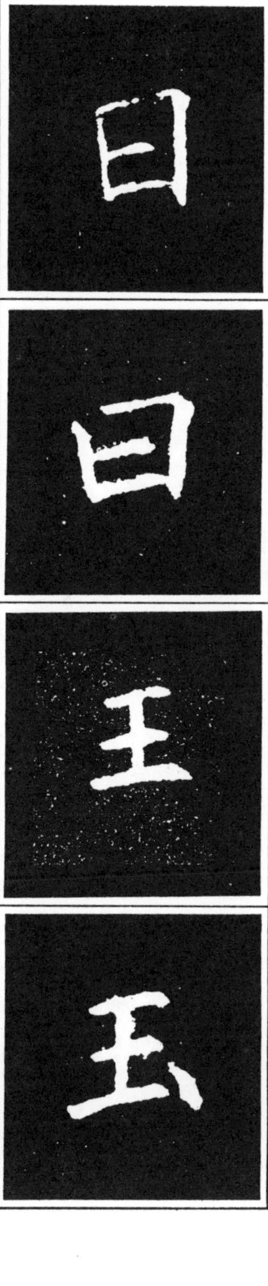

「讓直者，要直豎正而勿偏」。這類字的正中一豎，必須正而挺，千萬不能寫曲，寫得偏斜，否則就無力，立不穩。

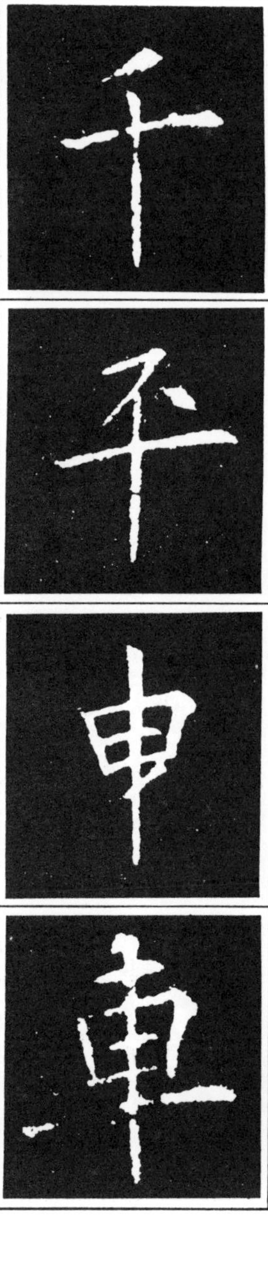

「肥者只許略肥，而莫至於浮腫」，點畫少而疏的字，要寫得稍粗些，但不能像浮腫（就是粗而無力，平拖而過）。

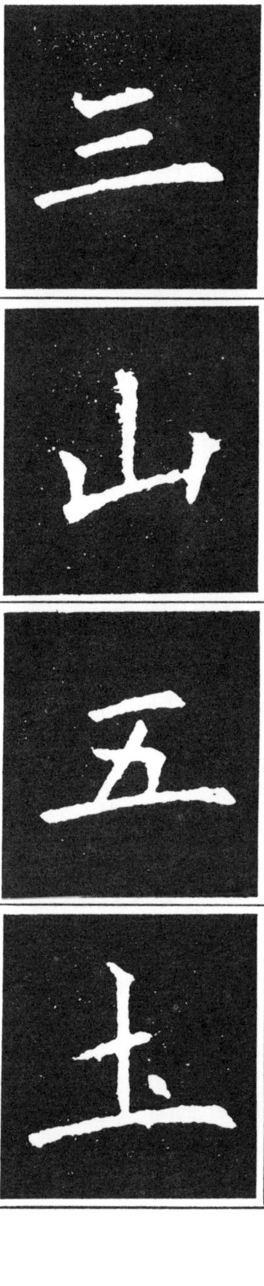

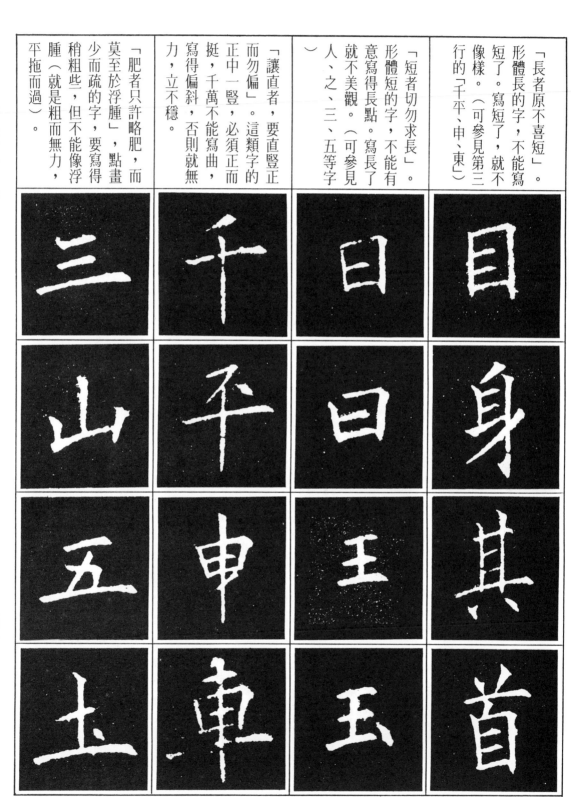

二、合體字的三種組合形式

1.左（中）右結構：是由部位（點畫）和部位（點畫）成橫向組合的一種結構形式。其中可以包含其他結構形式，但以橫向組合爲主。歐字，連橫向三部位的字，也極少取橫勢的。這主要是佔、容、讓的處理而成的。除按口訣要求認眞臨習外，還應注意到整個字的布局——即疏密分布的的安排。

疏密勻稱的字。有左長右短，也有左短右長，左右相近的。橫向佔位有左窄右寬，右窄左寬的。

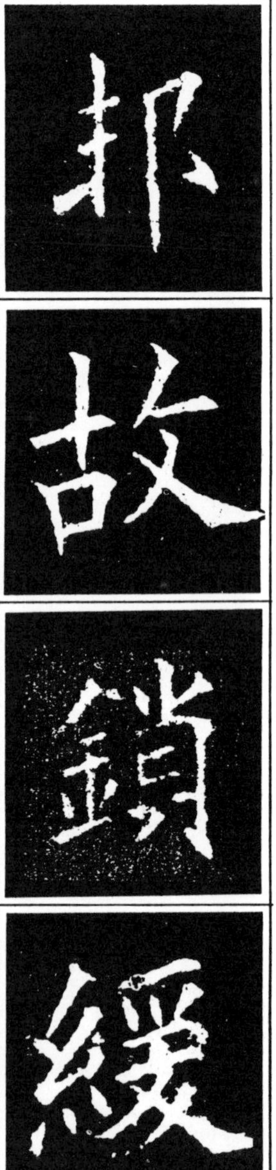

左疏右密的字。有左右高低相似，有左低、右高，左短，右長的字。這些字都是左狹右寬的字。煙字則屬不常見的關係。

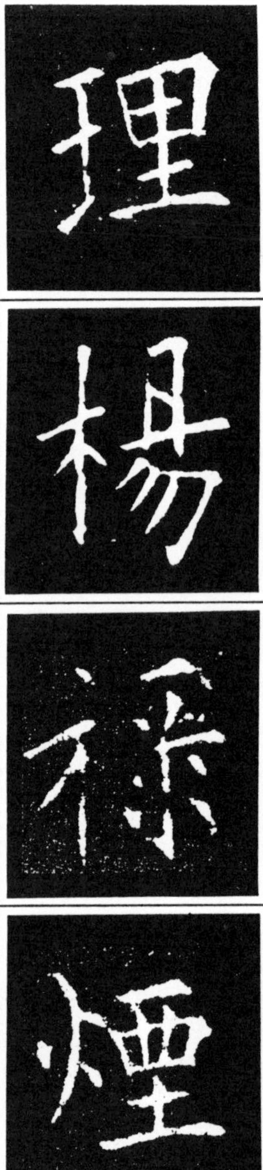

左密右疏的字，橫向佔位有基本相等，右窄左寬，右寬左窄。高低有近似的，也有錯落的避讓，也都非常明顯。

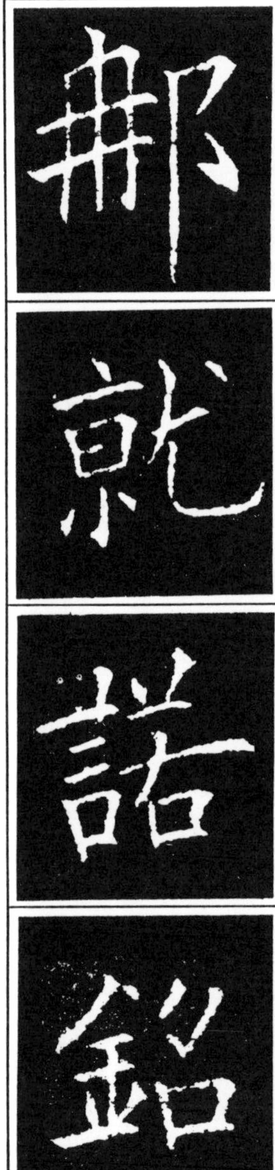

中間疏、對角疏，上下疏的字。這些疏密不一的字，其疏密必能對應。高低、寬窄也不完全一樣。

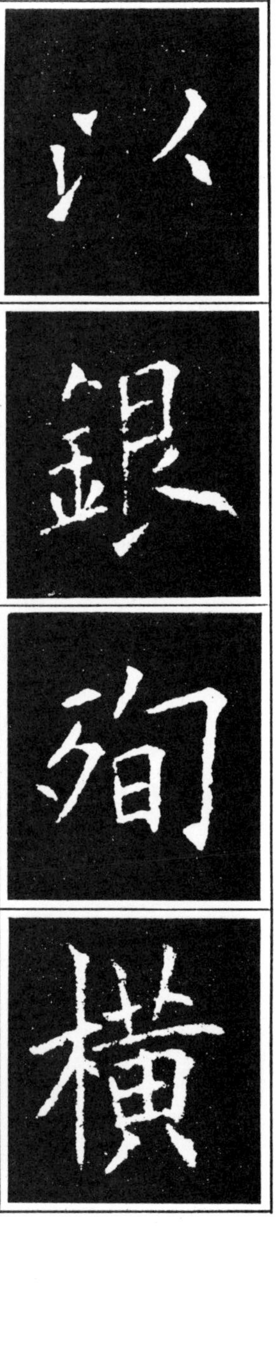

右含他類結構及左含他類結構的字。其寬窄、高低也都視部位而定，但都能使左右保持平衡。

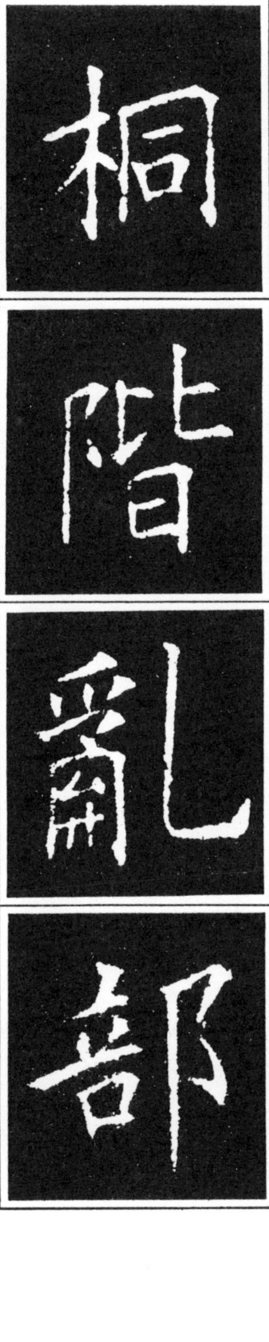

左右各含上下結構，有時上下結構中又含左右結構的字。各部位的高低、寬窄也隨各部位而定。

左中右橫向三部位結構，也有內含上下結構的。各部位的長短、寬窄，也隨各部位而定呼應，關係尤爲緊密。

2.上（中）下結構：是內部位（點畫）和部位（點畫）成縱向組合的一種結構形式，其中可以包含其他結構形式，但以縱向組合爲主。歐字縱向組合絕大部位取縱勢，同樣十分講究佔、容、讓關係的處理。縱向組合的部位，可達五個（如臺字），除按口訣要求認眞臨習之外，還注意到整個字的布白——即疏密分布的安排。

縱向組合的字，除了左右平衡的要求之外，還必須做到上下相稱，決不能有頭重、腳輕，頭輕腳重的情況，臨習時，還應體會《皇甫君碑》的字，是如何使各部位能協調地組合的道理。各行可互相參看。

「天覆的字要上面蓋畫下面，法宜上請而下濁」。如果下部位橫向點畫不能或不宜伸展，則上面應蓋得住下面。寶蓋頭的橫應寫得寬些。

寶蓋或禿寶蓋的字頭，下部位如有橫向的鈎，則寶蓋和禿寶蓋的橫要短些，讓橫向的鈎得以充分舒展，纔能顯得大方而又自然。

中、窄兩端寬的字。中部有不能和不宜向左右伸展的點畫，應讓上部和下部可以伸展的點畫得到舒展，可顯得協調妥貼。

中部有可向左右伸展的點畫而上下又不宜向左右伸展時，應從橫向壓縮點畫而讓中部的點畫得到充分的伸展。

寄　華　聲　蕃

「地載的字，要下橫載得起上畫，法宜上輕而下重」。主要是末了的一橫，要寫得較長又稍粗重，就能把上面各部位托載起來。

皇　益　監　壘

橫向和縱向筆畫較多的字，便應力求均勻排列，使「實筆」和「虛白」的分布顯得勻稱。在這前提下，使點畫有恰當變化。

量　壽　燕　蕭

上下三部位乃至四、五部位組合時，要先估計各部位所處位置及縱向應佔地位，使上下各部位能各自佔有適當的比例。

章　寧　靈　臺

3.框廓結構：這是由外框和框內部位組合而成的結構形式。有包圍結構、內外結構、披覆結構等別名。框廓結構可分爲左上框廓、左下框廓、右上框廓、上右框廓、左下右框廓、四面框廓和雙重的多重框廓（如迴、圖等）。內部部位都得作避讓處理，而外框也必須照顧內部部位，兩者要有密切呼應。

由於書法家個人的習慣，有些並非框廓的字，也可寫成框廓結構（如「紫」寫成「　」），其關係也隨之而變。

《皇甫君碑》即是同一框廓，形態也常有變化。

延
建
遠
起
題
同
風
威
問
司
貳
戎
氣
匹
臣
幽
國
庭
圖

佔、容、讓例說

「佔」有兩重意思。一是點畫和部位所佔縱橫向地位的佔；一是在搭配組合時佔有其他部位的空處，以避免結構鬆散或布白不勻稱的佔。「容」是本部位的空處，容許他部位、點畫的部份或全部進入、佔有。「讓」則比較複雜，一是傳統習慣上讓出地位的辦法，如把當作部首、邊旁用的字，改變其形態以留出較多地位來供其他部位佔用。像把「手」、「水」、「阜」、「邑」、「示」、「衣」、「火」等字，改成「扌」、「氵」、「阝」、「阝」、「礻」、「衤」、「火、灬」之類，都是這一種避讓；一是彼此照顧，互相呼應所需而作出的避讓，如「交」和「攴」成左右組合，「交」字的斜捺改成很短的反捺寫成「效」，右部位的長撇也相應縮短，以求搭配得更爲恰當；一是因疏密——布局的要求而作出的避讓，如「壁」寫成「辟」，「紫」寫成「紫」之類；一是先出部位已先佔了一定地位，後出部位只得避讓，如「製」、「祭」等字，下部位的「衣」、「示」都作了壓縮處理，框廓字也大部如此。有些避讓也因人而異，所以各書法家的避讓處理並不完全相同。歐字有歐字的避讓特點。

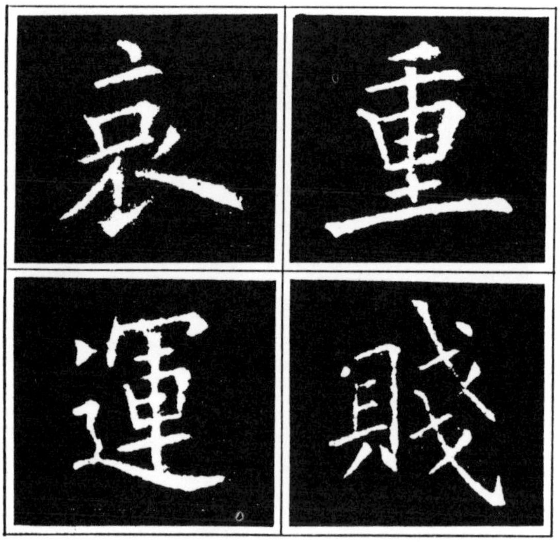

佔、容、讓處理得得當，可以使字的疏密適當，整體妥貼、自然、大方。後面各舉實例加以說明。

這四例包括了結體的四種形式。可以說明佔容讓是各種形式的結體都必須認眞注意的。「重」字上橫縮短以讓底橫充分舒展。如上橫伸展，則下橫要縮短。「賤」的「貝」作爲邊旁已壓縮以留出右邊地位，「戔」字兩個「戈」，除都縮短之外，下「戈」佔了上「戈」左下的空處，上「戈」的撇縮短，讓出地位容許佔用。「哀」字因下部有可向左右伸展的撇捺，所以上橫先讓，縮成短橫，下部的斜捺因起筆處過低，所以改成反捺，充分向右伸展。「運」字因左下是框廓，所以寶蓋縮短，「車」字壓縮，下橫也不伸展，讓出了左下框廓所需的地位。這些避讓，屬常規的避讓。但如「重」字則是歐字的特點。

要使佔、容、讓關係處理得當，在書法家要做到「胸有成竹」，即「意在筆先」；在臨習者，則應在臨習中，領會佔、容、讓處理的道理，以求早日臨習到本帖的精神。

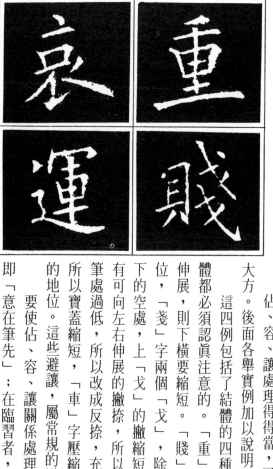

「盛」字上部「成」字，因爲下部還有「皿」字，所以左邊先作避讓處理。而「皿」的上部進入上部位的下部，佔有了空處，使上下兩部位關係緊密。「皿」字本身，因爲左有撇，右有「 」和「丿」所以也作了橫向的壓縮，把橫改成平挑，以作配合。這字成了上疏下密，疏密對比的布白格局。

「翠」字上部位的「羽」大大壓縮了縱向佔位，爲下部位有長豎的「卒」字留出了很多的地位。「卒」的上點佔了「羽」下的空處使上下關係緊密；而長豎的上端又佔有了兩個「人」字中間的空處，却又並不伸到頂，留出了適當的空白，使上中下都成了左右對應的留空，如中豎一伸到頂，則有堵塞之感。

「奪」的上部位「大」有可向左右伸展的斜撇和斜捺，因中部位的「隹」字也有斜撇，所以上部位作了避讓處理，一則使中部位的斜撇得以伸展，整個「隹」字不致過小；一則也使下部位的「寸」字的橫得以向左右充分伸展。

「奪」字佔、容、讓如此處理，可以說是歐字的特殊處理，從而形成了歐字的特點。

「據」字左部位是提手旁，因右部位較寬，所以作了橫向的壓縮，以留出較多的地位供右部位佔用。右部位本有一豎撇，爲了避免左右過密，所以「虍」字頭寫成現在的樣子，左右部位之間，就覺得疏朗。右部位上下部位都有相應的避讓，只有斜捺得到充分的伸展，保持歐字的「中心偏左，右向筆畫伸長」的特點。

「烈」字的「歹」一撇不僅伸展得長，而且下端變粗左彎，佔有了點的左邊地位，四點只好靠得緊些，並向右挪位。點雖後出，但在書寫時，已經有了通盤考慮，所以，「斫」刀旁上挪，豎鈎改成豎且作了縱向壓縮，使上下部位不能對稱，成了極險的態勢，由于下四點下端齊平，這字就由險變穩，也保持了歐字「於險峻中求平穩」的特色。這字的佔、容、讓處理很不尋常。

「墜」字本是上下結構，因先出的左耳旁一豎充分下伸，佔有了下部位「土」字的左邊地位「土」字向右挪位，致成左右結構。這一來「 」下的三撇和豎彎鈎要作出避讓——壓縮處理。右斜捺仍然得到伸展。這字佔、容、讓關係的處理，也保持了歐字結體的特點。而布白則爲中心緊密，八面疏朗的特色。這就是「八面拱衛中宮」的典型字例。

合體字分類臨習

一、左右結構的臨習：

左右結構有左寬右窄、寬窄近似、左窄右寬及左高右低、高低近似，左低右高，以及高低錯落的組合形式。在神態上，又有左右相向、相從、相背三種。這些和部位形態和點畫形態有直接關係，都應在臨習前辨認清楚，然後動筆。在動筆時，尤宜注意各部位的內在聯繫。左右結構，都必須做到左右平衡，以保持重心的平穩。

參差錯落及包含他類結構的左右結構。

左中右三部位俗稱。

左右兩部位有如面對面，是相向的字。

左右兩部位朝着同一向，有一前一後的跟從樣子，是相從的字，前兩行都是右向相從，後兩行都是左向相從。

歿	科	記	化
將	封	階	比
期	郵	維	地
碣	挺	銀	治
辟	時	懷	既

左部位朝左，右部位朝右的字，如背靠着背，是相背的字。

二、上下結構的臨習：

上下結構有上寬下窄、上窄下寬，上下寬窄近似以及上高下短，上短下高，上下高短近似，其組合也常呈參差錯落之態。在神態上也有下俯、上仰等等。這同部位和點畫形態有着直接的關係。臨習時，應充分注意到各部位之間的內在聯繫。上下結構不僅僅要注意上下相稱，不能出現畸重畸輕的毛病，還應該注意到左右平衡以保持重心的平穩。

上寬窄高低錯落及包含他類結構的字。

從向多部位組合包含他類結構的字。

上寬下窄的字。

上下窄，中間寬的字。

上窄下寬的字。

上下寬窄近似的存字。

三、框廓結構的臨習：

框廓結構，已在前面有了詳細的介紹，這裏不再贅述。

這部份特地編入幾組相同的字，可以看出歐字的變化情況。同一字，常常很不容易變化，而歐字對於較難的四面包圍的字「如「國」），三面包圍的字（如「同、開」），即使出現一、二十個，也同樣變得非常自然。這是高度熟練技巧所致，所有大書法家幾乎都具有這一本領。

框廓相同而內部部位的字不相同的框廓結構。框廓各有變化。

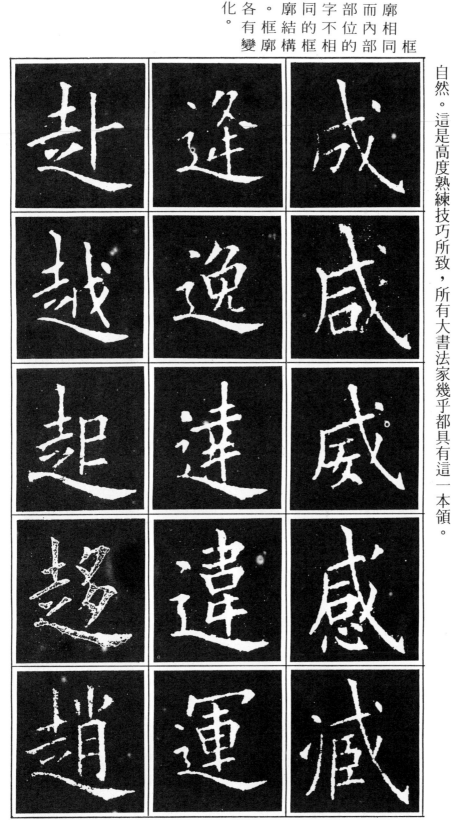

框廓和內部都相同的字。框廓有變化，內部字的形態也各有變化。

司司司司司
同同同同同
開開開開開
國國國國國

第三章　綜合臨習

前面兩章是各有重點的臨習。這一章把前兩章的所有要求綜合起來，要求臨習者，既顧到點畫寫法的各項要求，又顧到結體臨習的各項要求，所以難度比前兩章要高。前兩章的臨習，如是認眞、嚴肅的，進入本章的臨習並不難。倘使確實覺得難，也不妨進行有重點的臨習。譬如點畫沒有臨習好，本章的字，可作點畫臨習之用；如果結體沒有臨習好，也可供結體臨習之用。編寫時，是本着順序漸進的原則考慮的，臨習時可以根據本人的具體情況決定，不必機械地搬用。

一本字帖選定後，一定要臨習到有所得。甚麼叫有所得？通過點畫臨習，本帖的點畫形態能牢記在腦中，拿起筆來，一寫就像；進而，點畫的種種變化也有了深刻的印像，也能一寫就像，從點畫的臨習來說，已有所得。進入結體臨習時，幾種結構形式及其要求也已印進腦中，而且達到不面對字帖也寫得像，完全可以轉入背臨階段了。從結體臨習來說，也是大有所得。但是要達到這一步，必須經過幾十遍、幾百遍的臨習，而且要全神貫注，邊用筆、邊琢磨的臨習纔能獲得這樣的成績。古代所有有成就的書家，沒有一位不是這樣的。一本帖被選中，不僅認認眞眞臨寫，常常還會用「摹」的方法，直到把一本帖的所有筆法及這本帖所有字的神態都學到手。所說「摹」，和臨同樣重要。臨摹經常並用。摹有幾種方式，作用不同。一是「映寫」，把書寫用紙覆蓋在字帖上（當中應夾一層透明的塑料薄膜，使字帖不受污損）寫，一筆一筆，不能補筆和修改，要求寫得和字帖上的一模一樣。這樣做，既要寫像點畫以體會筆法；又要寫好結體，以領會結體法則。當然也可分重點進行。一是用鉛筆勾出字中每一筆畫的中心線，這叫單鈎，再用毛筆，把這字的所有筆畫寫好，這樣做，是爲了使臨習時起筆、收筆的位置能準確（包括長短、粗細和走向）。一是按每一字的筆畫邊線勾出來，這叫雙鈎，俗稱空心字。然後用毛筆填廓。這兩種同樣要一筆寫像一個筆劃，不能補筆和修改。目的和映寫同。當臨習一再臨不好時，便應采用「摹」的方法。這樣做，是爲了使臨習的效果更好些。

臨習點畫，是爲了學到本帖的所有筆法，再臨別的字帖，再學到本帖所沒有的筆法。由於各種字帖總有自身的一些特殊筆法，大部份筆法是各種字帖共有的。所以認認眞眞臨習，學到了筆法，再學別的字帖，花的功夫就少多了。結體的準則，各種字帖，相通的是多數，不相通的是少數，學好本帖的結體，再臨習別的字帖，同樣能少花許多功夫。否則，臨習任何字帖，功夫都得重新下，甚至始終無所得。

臨習必須做到從「對臨」過渡到「背臨」。到背臨得已很像樣，便應考慮換帖了。臨習過唐楷而有成績，當然可以再臨別的唐人的楷書，也可以臨宋元大書家的碑帖。基礎較鞏固了，還是上溯到六朝的碑帖爲好。因爲唐及以後朝代，書之法已經完備，老是在法中，容易束縛住藝術的發展，不如向六朝尤其是北朝碑志學習，可以從人爲的法度中擺脫出來。這叫「從有法入，從無法出」，以使自己早日進入書法藝術領域。另外也可選擇行書和隸書來臨習，以求掌握更多的筆法和結體變化的法則。但這必須把本帖完全臨習到手。綜合臨習是爲了鞏固前兩章所學的，也用以檢查學的基礎是不是比較紮實。如發現不足，必須從頭再來。

附帶說一句：本帖的每一字都可用作點畫臨習，也都可用作結體臨習。應反覆臨習直到有所得。

這一章把獨體字、合體字混合編排。大體上以點畫多少排列。字帖的點畫多少與字典的不同，所以說「大體」。

于
山
己
夫
切
戸
五
仁
分
之
水
古
世
功
比
可
左
北
史
以

右布令公加

地而存列光

早朱伏兵行

州并衣効民

佐	君	林	羽
位	門	於	弘
近	青	里	志
忠	者	何	孝
初	芳	作	否

取其奄東枝
松尚忠委和
使侍金命采
周服系夜奇

則	柱	政	空
貽	相	域	宗
冑	持	昔	冠
幽	括	故	孟
秋	昆	勃	春

信俗風訖帝

法涇客郎祖

軍郡除始柔

泰素珠教恭

草軒原晉救
師畏時然術
後亮部產梁
被書展鄉陸

陳納理都莫

救盛偉得情

惟高康望勇

曾清深尉隨

斯
朝
華
黃
敬
粟
雄
雲
搖
悲
暎
照
誠
煙
澆
混
溫
强
結
萬

葉裂楚機握

當間暉喬感

詢煥資群屬

預綃蒼蒲輔

歌踐慟嵩德
銜銅銘彰祿
精猷榮盡潤
察綸綜贊墓

模懷圖價衝
歎蔓歐酷輟
銀鳳豪慶險
賢轉横樹魏

積儀徽雕謀

謂磨緯縣雖

命館濟禮績

艱臨贈曜鎮

鴻
蘊
騰
顯
襟
難
識
體
翼
彝
礱
衢
聲
羅
權
欒
蘇
鏞
變
觀

貫氣、筆勢與疾澀例說

一、貫氣：指點畫之間氣息相通，使筆筆能成活筆。先看「州」「於」「志」三例。這三個字每一點畫都貫氣但有些很明顯，有些則要經過仔細觀察。如點的貫氣屬於明顯的一種。現在就這三字的點畫貫氣作些具體的說明，以助理解。

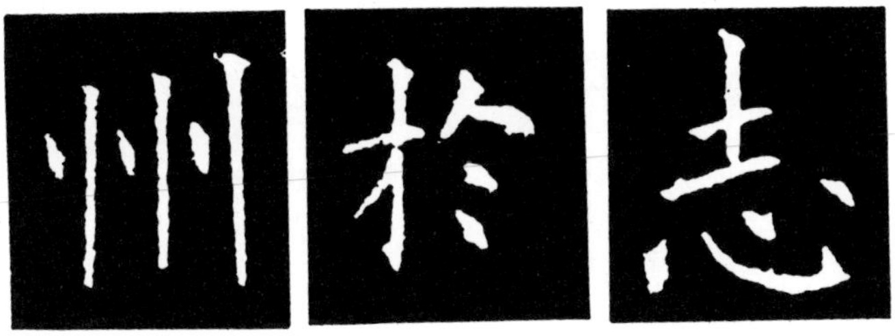

「州」的左、中、右三點的收筆都在腰部右邊，露出了筆鋒行向豎的起筆處的痕迹（這種筆意叫「出鋒」）；而豎的收筆，都是回鋒即筆鋒回到豎內即離紙，凌空行向點的起筆，這便成筆筆貫氣。「於」字左部位貫氣不明顯。橫的收筆是回鋒到橫內即提筆鋒離紙，凌空行向豎鈎起筆略偏左處着紙。一着紙時餘力未盡，所以留下稍向右上行的痕迹。豎鈎很含蓄，微微成鈎即離紙，筆鋒凌空行向撇的起筆處。左撇收筆後，又凌空行向右部位上左撇。上左撇的上端也留下承接上筆貫來的痕迹。撇的收筆用回鋒，回到捺的起筆處再捺出。捺和點都有貫氣痕迹（出鋒）就不多說了。「志」上部貫氣不明顯。上橫回鋒收筆，凌空運鋒到豎的起筆處略偏左着紙，也留有承接上筆貫來的痕迹。豎到末端，凌空運鋒到下橫起端，餘力未盡，所以橫的起端有稍稍下垂的痕迹。下橫到末端，回鋒收筆，凌空貫向左點。到左點左邊着紙下按，回鋒到腰部再挑出，貫向鈎的起筆處鈎出後，凌空成左行弧形到第二點起筆處。中點出鋒貫向右點。如從第一字的第一筆一直貫到末字的末筆，就使通行的字血脈貫通，彼此都有了內在的聯繫。字帖中的有些字的點畫形態，便是因貫氣而成的，不貫氣便寫不像。

二、筆勢：指每一種點畫的形體姿態及所含的內力。每一書家的字，都有各自的特點和面貌，點畫形態當然同樣如此。筆法有一致性，筆勢却各異，有肥瘦、長短、方圓、正側、巧拙、曲直以及柔潤和峻削之別。歐字的點畫形態和結體形態是統一的。歐字點畫，素有勁挺、峻削之稱，內力很足。常因點畫的取勢，而使結體險峻，中心偏左。筆畫若無內力，再正、再平、再挺也屬柔弱，無所謂「勢」；若含內力，即使曲的、斜的、彎的仍能遒勁，便屬有勢。如何寫出含有內力的點畫來？第一步，必須按照「五要領的加力和減力」要求臨習。第二步，要逐漸掌握住「疾、澀」二法，直到熟練運用。

三、疾澀：疾澀是和快慢連在一起的。快而挾力纔算疾，慢而蓄力纔算澀；不挾力的不能算疾澀。先說「點」。古代大書家要求「點如高山墜石」，如「州、於、志」的所有點，落筆要快，然後用力下按，回鋒，有時調整好筆鋒，點都短促，這些動作，花的時間要多許多，而筆沒有停下，這是爲了蓄好力然後疾沖而出，這是「澀」，因爲這些動作，蓄好了力，然後向著下一點出鋒。出鋒要像箭射出，是挾力的，這是疾。再說「撇」，古人說：「掠如利劍斷犀象角」。掠就是撇。起筆稍慢，蓄力，挾力撇出，自然含有內力。講得簡要些，凡用回鋒、調整好筆鋒再行筆的處所，都要用澀法，如頓折處，如捺出處，如鈎出處，都是先澀後疾。澀，筆不停頓，只是在小範圍中動作，目的在蓄力。有如逆水行舟，前行不多，用力在動，又如拉弓待射，動作幅度不大，却在蓄力；也如握拳、曲肘，動作緩慢而用力。到箭發、拳出，動作很快，都挾有大力。

用疾澀二法寫出的點畫，內力必然很足。蔡邕（漢末大書法家）的女兒蔡文姬說：「得疾澀二法，書妙盡矣」（書法的奧妙都在疾澀二法之中），是對他父親書法心得的概括。歷代大書家也沒有不熟習這二法的。但並非每一筆畫都要用疾澀二法。一般說：處於重要位置的點，點中的挑點、撇點，平捺的首尾、斜捺的捺腳，平撇、斜撇，長橫的首尾，長豎的首尾以及鈎部及頓折等，或用疾法，或用澀法，或兩法兼用。各書法家的筆勢不同，但這幾處，恐怕是基本相同的。臨習到運筆比較熟練時，便應在讀帖和書寫時，探索運用疾澀二法的所在，並運用到熟練程度。這時，書寫水平的提高，將是驚人的。

疾澀之外，還應注意到快慢並用。所說快慢，是在各人原有的書寫速度上判定的。比原有的常規速度快，便算快；比原有的常規速度緩，便算慢。每一種點畫的起筆收筆處常較中段要慢些，中段運筆常較兩端快速。稍長的筆畫，總是快慢交替出現的，在不同疾澀二法時，定然如此。快慢交替出現是正常的，從起筆到收筆用同一速度是不正常的。開始臨習時，便應注意起來。

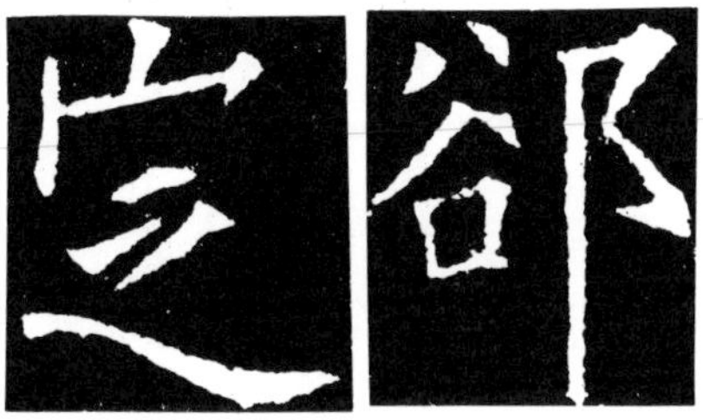

再舉二字爲例，把疾澀和快慢結合起來說一說。

郤（音同戲，ㄒㄧˋ），上左點，起筆慢，撇出快，上右點和中右點，起筆快，收筆慢。中部一撇，起筆慢，撇出快。口的豎和下橫，因短，快慢無明顯差別，折的起筆快，到折處慢，折下快。右部位的折：上折、橫快，到折處用澀法，折下用疾法，折向右下用快法，到鉤出處用澀法，鉤出用疾法；長豎起筆慢，下行快，收筆慢。

定字，上點用澀法、疾法或慢、快均可。左豎點起筆慢，中段快，收筆慢，折的橫快，折處慢，撇出快；下部的橫點，整筆都慢；挑的起筆慢，挑出快；撇的起筆用澀法，撇出用疾法；平捺，起筆用澀法，到彎向右偏下處用疾法，出捺處先澀後疾。

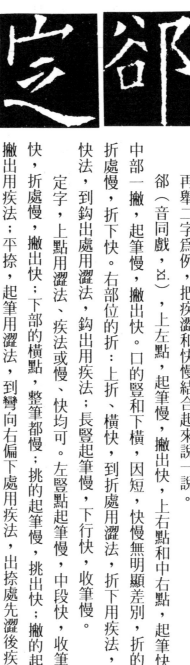

快和慢不等於疾和澀。快慢指行筆的速度，並沒有蓄力和挾力的要求。而疾和澀則要求快中挾力，緩慢前行爲的是蓄力。所以平常書寫時，應該是快慢和疾澀交織在一起的。也就是說，在需用疾澀的地方之外，其餘是應用快慢進行的。這樣，在書寫時有節奏感，寫成的點畫自然不會是平拖而過，細看上去自然也有一種節奏感。我們常說的筆畫沉着而又靈動，便是這樣寫出的。要做到快慢交替運用，是不很容易的；即使筆已能聽指揮了，如不經一段時間的有意識的刻苦的練習也難以運用得好，尤其是疾澀二法的運用。所以，把這一內容附在末了，以供有志者研習。肯定並不是高不可攀的。

不管用疾澀二法或快慢行筆，不管是貫氣或筆勢的再現，都必須按照寫好點畫的口訣要求去書寫。尤其是兩邊線的走向，必須先辨識得清清楚楚，心中有了底，行筆時纔不致遲疑，纔有可能進入有快有慢，能疾能澀這幾個步驟的實踐。開始進入快慢、疾澀的練習時，要求不能提得過高，要根據實際水平而稍高於實際水平，纔不致於失望乃至泄氣。老話說：「欲速則不達」，是由於不切實際的過高要求，常常只能以失敗而告終。不過也千萬不能怕失敗而不敢提高一些要求。不提高要求，便只能永遠停留在原有水平上，甚至可能會倒退，「逆水行舟，不進則退」這是明訓。提高一些要求之後，可能會寫不出原有的水平來，這在開始時是正常的，不要影響信心。做無論甚麼事情，都有這情況發生，寫字也絕不例外。書寫水平的提高各種用筆技巧的掌握和運用，都不是一朝一夕的事，不能操之過急。有句名言：做學問，有如日夕看着禾苗，總是見不到禾苗在長；但過了幾月，竟已結出了果實。這話用於寫字練習，同樣很有道理。學好毛筆字，不像禾苗，簡直如看果樹的成長，是要有幾年、幾十年，纔能看到成長，看到結果呢。寫字，不能指望短期內便出成績。前面所提的要求，有些是短期內必須達到的，有些則須較長時期才能能達到，有些則須長期追求。如貫氣，在短時期內可以做到，而快慢、疾澀則應在不斷臨習，不斷領悟中纔能逐步熟練起來；何況還要到筆能較馴熟地聽指揮後纔開始的。對於這一點，必須有長期苦練的思想準備。

國立中央圖書館出版品預行編目資料

唐歐陽詢書皇甫君碑 / 楊蒼舒編著. -- 初版.
-- : 文史哲, 民84
面； 公分.
ISBN 957-547-964-5(平裝)

943.2

唐歐陽詢書皇甫君碑

編著者：楊蒼舒
出版者：文史哲出版社
登記證字號：行政院新聞局局版臺業字五三三七號
發行人：彭正雄
發行所：文史哲出版社
印刷者：文史哲出版社
台北市羅斯福路一段七十二巷四號
郵撥〇五一二八八一二彭正雄帳戶
電話：三五一一〇二八

實價新台幣二二〇元

中華民國八十四年七月初版

ISBN 957-547-964-5